ROMA

B II Grammatik und Wortschatz

von Gerhard Hertel

und Günter Wojaczek

C. C. BUCHNERS VERLAG · BAMBERG

J. LINDAUER VERLAG (SCHAEFER) · MÜNCHEN

R. OLDENBOURG VERLAG · MÜNCHEN

ROMA
Unterrichtswerk für Latein
Ausgabe B in zwei Bänden

Herausgegeben von Josef Lindauer, München, und Klaus Westphalen, Kiel

unter beratender Mitarbeit von Heinrich Krefeld, Rheine, Helmut Vester, Birkenfeld, und Walter Vogt, Mainz.

ROMA B II wurde verfaßt von Gerhard Hertel und Günter Wojaczek, Bamberg.

Es besteht aus den Teilen „Texte und Übungen" und „Grammatik und Wortschatz".

1. Auflage 1 [8] 1997 96 95 94

Die letzte Zahl bedeutet das Jahr dieses Druckes.
Alle Drucke dieser Auflage sind, weil untereinander unverändert, nebeneinander benutzbar.

C. C. Buchners Verlag ISBN 3 7661 **5582** 2
J. Lindauer Verlag ISBN 3 87488 **582** 8
R. Oldenbourg Verlag ISBN 3 486 **86401** 7

Einband: Karl-Heinz Bauer, Bamberg
Gesamtherstellung: Graphischer Großbetrieb Friedrich Pustet, Regensburg

Inhalt

---

1) Die Abkürzungen entsprechen denen des Lexikons der Alten Welt, Zürich und Stuttgart 1965, Sp. 3439 ff.

Abkürzungen

Abl.	Ablativ	f./ff.	folgende Seite(n)	Pers.	Person
Abl.abs.	Ablativus absolutus	Fut.	Futur	Pl./Plur.	Plural
		Gen.	Genitiv	Plqpf.	Plusquamperfekt
Aci	Akkusativ mit Infinitiv	griech.	griechisch	PPP	Partizip Perfekt Passiv
		Ind.	Indikativ		
Adj.	Adjektiv	Inf.	Infinitiv	Präs.	Präsens
Adv.	Adverb	intrans.	intransitiv	Präp.	Präposition
Akk.	Akkusativ	Imp.	Imperativ	Pron.	Pronomen
Akt.	Aktiv	Impf.	Imperfekt	relat.	relativ(er)
Buchst.	Buchstabe	jem.	jemand	s.	siehe
bzw.	beziehungsweise	Komp.	Komparativ	sc./scil.	scilicet (nämlich)
d. Ä.	der Ältere	Kj.	Konjunktion	Sg./Sing.	Singular
d. h.	das heißt	Konj.	Konjunktiv	sog.	sogenannt
Dat.	Dativ	lat.	lateinisch	Subst.	Substantiv
Dekl.	Deklination	m./Mask.	Maskulinum	Superl.	Superlativ
Dem.	Deminutiv	n./Neutr.	Neutrum	trans.	transitiv
Dep.	Deponens	n. Chr.	nach Christus	u. ä.	und ähnliche(s)
d. J.	der Jüngere	Nom.	Nominativ	usw.	und so weiter
eigtl.	eigentlich	Part.	Partizip	v. Chr.	vor Christus
erg.	ergänze	Pass.	Passiv	vgl.	vergleiche
f./Fem.	Femininum	Perf.	Perfekt	z. B.	zum Beispiel

Erklärung der Verweise an Beispielen

Lektionen 1-70: ROMA B I Lektionen 71-120: ROMA B II

E 71, 2	Lektion 71 Einführung/Ergebnis, Satz 2	Teilband ‚Texte und Übungen'
L 72, 2-6	Lektion 72 Lesestück, Zeile 2-6	
L_1 74	Lektion 74 Lesestück 1	
Ü 75 a 5	Lektion 75 Übung a Satz 5	
Z 76, 2-4	Lektion 76 Zusatztext, Zeile 2-4	
I 79	Lektion 79 Information	
G 80 a	Lektion 80 Grammatik, Abschnitt a	Teilband ‚Grammatik und Wortschatz'
W 83	Lektion 83 Wortschatz	
W_2 84	Lektion 84 Wortschatz zu Lesestück 2	

71 Diathesen des Verbums
Deponentia der ā-Konjugation

G a) Māter līberōs lavat. — Die Mutter wäscht (badet) die Kinder.
Līberī ā mātre lavantur. — Die Kinder werden von der Mutter gewaschen (gebadet).
Līberī in fluviō lavantur. — Die Kinder waschen sich (baden) im Fluß.

Verbformen treten im Lateinischen in drei **Diathesen** (Zustandsarten) auf:
1. Das **Aktiv** bezeichnet Handlungen, die ein Subjekt vornimmt, oder Vorgänge, die ein Subjekt in Gang setzt.
2. Das **Passiv** bezeichnet Handlungen, die an einem Subjekt vorgenommen werden, oder Handlungen, von denen das Subjekt betroffen ist.
3. Das **Medium** bezeichnet Handlungen, die ein Subjekt vornimmt, von denen es aber gleichzeitig betroffen ist.

b) Amīcōs hortāmur. — Wir ermutigen die Freunde.
In urbe versāmur. — Wir halten uns in der Stadt auf/ Wir verweilen in der Stadt.

Ein mediales Verb, das man auch **Deponens**[1] (Plural: **Deponentia**) nennt, bildet passive Formen. Deponentia können transitiv und intransitiv sein. Sie werden im Deutschen durch das Aktiv wiedergegeben.

c) Amīcōs hortāmur. — Wir ermutigen die Freunde.
Amīcī ā nōbīs admonentur. — Die Freunde werden von uns ermutigt.

Da Deponentia Passivformen zur Bezeichnung aktiver Handlungen verwenden, können sie nicht zugleich auch ein Passiv bilden.

d) Die Formen der Deponentia der ā-Konjugation

Ind. Präs.	hortor, hortā-ris, hortā-tur usw.
Konj. Präs.	horte-r, hortē-ris, hortē-tur usw.
Ind. Impf.	hortā-ba-r, hortā-bā-ris usw.
Konj. Impf.	hortā-re-r, hortā-rē-ris usw.
Fut. I	hortā-b-or, hortā-be-ris, hortā-bi-tur usw.

Imperativ	Sing.	Plur.
	hortā-re!	hortā-minī!

1) Die Bezeichnung ‚Deponentia' für mediale Verben ist ein Begriff, der von spätrömischen Grammatikern geprägt wurde: Verba deponentia schienen ihre aktiven Formen ‚abgelegt' zu haben. Die Bezeichnung ‚Deponentia' ist heute allgemein üblich, obwohl sie die medialen Verben in ihrer Eigenart verkennt und nur auf einer äußeren Beurteilung beruht.

lateinisch: passive Form
deutsch: aktive Form

Ind. Perf.	hortā-tus, a, um sum usw. hortā-tī, ae, a sumus usw.
Konj. Perf.	hortā-tus, a, um sim usw.
Ind. Plqpf.	hortā-tus, a, um eram usw.
Konj. Plqpf.	hortā-tus, a, um essem usw.
Fut. II	hortā-tus, a, um erō usw.

Infinitiv	Präsens	Perfekt	Futur
	hortā-rī	hortā-tum esse (am, um)	hortā-tūrum esse (am, um)

Aber: hortatus, einer der ermahnt hat! Partizip Perfekt Aktiv

hortāns, -antis — ermahnend/einer, der ermahnt
hortātūrus, a, um — einer, der ermahnen wird/will

Deponentia bilden das Part. Präs. und das Part. Fut. mit aktiven Formen.

e) Die Stammformen aller Deponentia der ā-Konjugation werden gebildet wie

hortārī — hortor — hortātus sum — ermahnen, ermutigen

f) Manche Verben verwenden teils aktive, teils mediale Formen. Sie werden ‚Semideponentia' (*semi* – ‚halb') genannt (vgl. G75a).

W

dominārī (dominus)	herrschen *(Dominante)*
hortārī	ermahnen, ermutigen
tūtārī (ā) (tūtus)	schützen (vor)
aspernārī (spernere)	zurückweisen, verwerfen
miserārī (miser)	beklagen, bedauern *(miserabel)*
moderārī (modus)	mäßigen, lenken *(Moderator)*
(cōn)sōlārī (cōnsṓlor)	trösten, lindern
cūnctārī	zögern, zaudern
opīnārī (opī́nor)	meinen, glauben
contemplārī	betrachten *(Kontemplation)*
versārī	1. sich befinden, sich aufhalten 2. sich beschäftigen *(versiert)*
percontārī	untersuchen, sich erkundigen
cōnārī	versuchen, unternehmen
dīvidere, dī́vidō, dīvīsī, dīvīsum	trennen, teilen *(dividieren; In-dividuum)*
sēcēdere, sēcēdō, sēcessī (cēdere)	beiseite gehen, weggehen
propterea *Adv.* (propter)	deswegen

Merke:

cīvitātem lēgibus moderārī — den Staat durch Gesetze ordnen

72 Deponentia der ē-Konjugation
Deponentia der ī-Konjugation

G a) Die Personalformen der Deponentia im Präsensstamm

	Ind.	Konj.
Präs.	vere-or, verē-ris usw. lārgi-or, lārgī-ris … lārgi-u-ntur	vere-a -r usw. lārgi-a -r usw.
Impf.	verē- ba-r, verē- bā-ris usw. lārgi-ēba-r, lārgi-ēbā-ris usw.	verē-re-r usw. lārgī-re-r usw.
Fut. I	verē-b-or, verē-be-ris usw. lārgi-a-r, lārgi-ē -ris usw.	

b) Die Personalformen der Deponentia im Partizipialstamm

	Perf. Ind.	Perf. Konj.	Plqpf. Ind.	Plqpf. Konj.	Fut. II
veri-tus, a, um lārgī-tus, a, um }	sum	sim	eram	essem	erō
veri-tī, ae, a lārgī-tī, ae, a }	sumus	sīmus	erāmus	essēmus	erimus

c) Die Imperative der Deponentia

Sing.	Plur.
verē-re! lārgī-re!	verē-minī! lārgī-minī!

d) Die Infinitive der Deponentia

Inf. Präs.	Inf. Perf.	Inf. Fut.
verē-rī lārgī-rī	veri-tum, am, um esse lārgī-tum, am, um esse	veri-tūrum, am, um esse lārgī-tūrum, am, um esse

W1

fatērī	fateor	fassus sum	gestehen, bekennen
cōnfitērī	cōnfiteor	cōnfessus sum	*(Konfession)*
profitērī	profiteor	professus sum	(öffentlich) erklären, angeben (Professor)
verērī	vereor	veritus sum	(sich) scheuen, fürchten; verehren
tuērī	tueor	⟨tūtātus sum⟩	im Auge haben, schützen
intuērī	intueor	⟨aspexī⟩	betrachten *(intuitiv)*
merērī (= merēre)	mereor	meritus sum	verdienen
vidērī	videor	vīsus sum	scheinen
terrērī (terror)	terreor	territus sum	erschrecken (intrans.)

prosper(us), a, um	günstig	occupāre	1. einnehmen, besetzen 2. beschäftigen
salūtāris, -e (salūs)	heilsam, ersprießlich		

Merke:

bene merērī dē rē pūblicā — sich verdient machen um den Staat

Stammformen

W2

lārgīrī	lārgior	lārgītus sum	schenken, spenden

Stammformen ebenso bei:

sortīrī (sors)	(er)losen, erlangen	potīrī (urbe)	sich (der Stadt) bemächtigen
mōlīrī	in Bewegung setzen, unternehmen	mentīrī	lügen, vorspiegeln (eigtl. ‚sich ausdenken')

Besonderheiten im Partizipialstamm zeigen:

adorīrī	adorior	adortus sum	angreifen
assentīrī	assentior	assēnsus sum	beistimmen

exilium, -ī	Verbannung *(Exil)*	excellere *(ohne Perf.)*	hervorragen, sich auszeichnen *(Exzellenz)*
suffrāgium, -ī	Abstimmung	āvertere, āvertō, āvertī, āversum	abwenden *(Aversion)*
cognōmen, -minis n.	Beiname	umquam *Adv.*	jemals
probus, a, um	gut, tüchtig, redlich	quā rē (quārē) *Adv.*	weshalb; relat. Anschluß: deshalb, daher
aequālis, -e	gleichaltrig; Subst.: Altersgenosse, Zeitgenosse		
multāre	bestrafen		

73

Deponentia der konsonantischen Konjugation
Ablativus instrumentalis bei uti, frui, fungi, potiri

G a) Die Deponentia der konsonantischen Konjugation bilden ihre Formen wie das Passiv von Verben dieser Konjugation:

Präsens Indikativ	sequ-or séqu-e-ris séqu-i-tur séqu-i-mur sequ-í-minī sequ-ú-ntur	ich folge *usw.*
Präsens Konjunktiv	sequ-a-r sequ-ā-ris *usw.*	
Imperfekt Indikativ	sequ-ēba-r sequ-ēbā-ris *usw.*	
Imperfekt Konjunktiv	séqu-e-re-r sequ-e-rē-ris *usw.*	
Futur I	sequ-a-r sequ-ē-ris *usw.*	
Imperativ	séqu-e-re! sequ-i-minī!	
Infinitiv	sequ-ī	

b) Ōtiō rēctē ūtere! — Gebrauche deine freie Zeit in rechter Weise!

Vīta, quā fruimur, brevis est. — Unser Leben, das wir genießen, ist kurz.

Sapiēns vir semper officiō fungētur. — Ein weiser Mann wird seine Pflicht immer erfüllen.

Mīlitēs urbe hostium potītī sunt. — Die Soldaten bemächtigten sich der feindlichen Stadt.

Einige Deponentia haben einen **Ablativ des Mittels** *(ablātīvus īnstrūmentālis)* als Objekt bei sich:

ūtī	gebrauchen, benützen	(eigtl. ‚Gebrauch machen von‘)
fruī	genießen	(eigtl. ‚Genuß haben von‘)
fungī	verrichten, verwalten	(eigtl. ‚sich beschäftigen mit‘)
potīrī	sich bemächtigen	(eigtl. ‚mächtig werden durch/Herr werden über‘)

c) Graecī virtūte et fortūnā ūsī Persās vīcērunt. — Mit Tapferkeit und Glück besiegten die Griechen die Perser.

Das Partizip Perfekt einiger Deponentia wird wie ein Partizip Präsens gebraucht, z. B.

dolō ūsus (*oder* ūtēns)	eine List gebrauchend/mit einer List
amīcum secūtus (*oder* sequēns)	dem Freund folgend
veritus (*oder* verēns), nē …	fürchtend/aus Furcht, daß …
arbitrātus *mit Aci*	glaubend/in der Meinung, daß …

W

fungī	fungor	fūnctus sum	verrichten, verwalten *(Funktion)*
loquī	loquor	locūtus sum	sprechen, reden
cólloquī	colloquor	collocūtus sum	sich unterreden *(Kolloquium)*
ūtī	ūtor	ūsus sum	gebrauchen, benützen
sequī	sequor	secūtus sum	folgen *(Sequenz)*
ássequī	assequor	assecūtus sum	einholen, erreichen
cōnsequī	cōnsequor	cōnsecūtus sum	folgen, erreichen *(konsequent)*
persequī	persequor	persecūtus sum	verfolgen
vehī	vehor	vectus sum	fahren (intrans.)
ínvehī (in aliquem)	ínvehor	invectus sum	hineinfahren, losfahren (auf einen)
querī	queror	questus sum	klagen, sich beklagen *(Querulant)*
fruī	fruor	⟨ūsus sum⟩	genießen
nītī	nītor	nīsus (nīxus) sum	sich stützen, streben
complectī	complector	complexus sum	umfassen, umarmen *(komplex)*

ūniversus, a, um	gesamt, ganz *(Universum)*
ūniversī, ae, a	alle (zusammen, insgesamt)
fidēlis, -e (fidēs)	treu, zuverlässig
suspicārī	verdächtigen, vermuten
arbitrārī	meinen
dēvincere, -vincō, -vīcī, -victum	(völlig) besiegen
noctū *Adv.* (nox)	nachts
haud	nicht

Merke:

mūnere fungī	eine Aufgabe erfüllen, ein Amt verwalten
dolō ūtī	eine List gebrauchen
pāce fruī	den Frieden genießen
amīcum sequī	dem Freund folgen

74 Deponentia der konsonantischen Konjugation mit Präsensstamm auf ĭ — Deponentia der konsonantischen Konjugation mit Präsensstammerweiterung -sc-

G a) Eadem ego patior, quae tū páteris. — Ich erleide dasselbe, was du erleidest.

Einige Deponentia bilden ihre Formen wie das Passiv von *capere* mit dem Stammauslaut *ĭ*, das jedoch vor *r* zu *ĕ* wird, also

patĭor, pátĕris, pátĭtur *usw.* — ich leide *usw.*
patĭar, patĭāris *usw.*
patĭēbar, patĭēbāris *usw.*
pátĕrer, patĕrēris *usw.*
patĭar, patĭēris *usw.*

Die Imperative werden wie bei den Deponentia der Konsonantenstämme gebildet:

pátĕre!	leide!
patĭminī!	leidet!

b) Proficīscāmur amīcōsque sequāmur! — Laßt uns aufbrechen und den Freunden folgen!

Deponentia, deren Präsensstamm durch *-sc-* erweitert ist, sind Konsonantenstämme. Ihre Formen werden nach dem Beispiel *sequ-or* (vgl. G 73a) gebildet.

W₁

patī	patior	passus sum	leiden, zulassen *(passiv)*
morī (mors)	morior	mortuus sum moritūrus	sterben
prōgredī	prōgredior	prōgressus sum	vorrücken *(progressiv)*
aggredī	aggredior	aggressus sum	herangehen, angreifen *(Aggression)*
ingredī	ingredior	ingressus sum	1. einherschreiten 2. betreten
orīrī[1]	orior	ortus sum	entstehen, sich erheben *(Orient)*
exorīrī[1]	exorior	exortus sum (ex)oritūrus	entstehen, sich erheben *(Orient)*

angustiae, -ārum	Enge, Engpaß, Schwierigkeit	cōnstat *mit Aci*	es steht fest, es ist bekannt
fortitūdō, -inis f. (fortis)	Tapferkeit	quotiēns *Kj.*	wie oft; sooft; jedesmal, wenn *(Quotient)*

Nebensatzeinleitung

Merke:

scītō! scītōte! — wisse! wißt!

1) *orīrī/exorīrī* bilden den Infinitiv Präsens nach der ī-Konjugation; *adorīrī* (vgl. W₂ 72) wird ganz nach der ī-Konjugation gebeugt.

W2 proficīscī	proficīscor	profectus sum	aufbrechen, (ab)marschieren; hervorgehen
ulcīscī	ulcīscor	ultus sum	(sich) rächen, strafen
adipīscī	adipīscor	adeptus sum	erreichen, erringen
oblīvīscī	oblīvīscor	oblītus sum	vergessen
nāscī	nāscor	nātus sum	geboren werden, entstehen

lectus, -ī	Bett, Liege	ideō *Adv.*	deshalb
oleum, -ī	(Oliven-)Öl	nēquāquam, haudquāquam *Adv.*	keineswegs, auf keine Weise
vīsitāre	besuchen *(Visite)*		

Merke:

ulcīscī clādem	sich rächen für eine Niederlage
oblīvīscī amīcōrum	die Freunde vergessen

bei Personen immer Genitiv

75 Semideponentia Verba defectiva Verba impersonalia Infinitiv als Subjekt

G a) Hoc dīcere ausus sum atque audeō. — Ich habe gewagt, dies zu sagen und wage es noch.

Semideponentia (*semi-* ‚halb') sind Verben, die nur einen Teil ihrer Formen wie ein Deponens bilden. Bei den Verben

audēre, gaudēre und *solēre*

hat nur der Perfektstamm passive Formen mit aktiver Bedeutung:

audeō	ich wage	ausus sum	ich habe gewagt
gaudeō	ich freue mich	gāvīsus sum	ich habe mich gefreut
soleō	ich bin gewohnt	solitus sum	ich bin gewohnt gewesen

b) Canēs dominum nōvērunt. — Hunde kennen ihren Herrn.
Rōmānī post cēnam quiēscere consuēverant. — Die Römer pflegten nach dem Essen zu ruhen.

Das lateinische Perfekt bezeichnet manchmal ein vergangenes Geschehen, dessen Ergebnis in der Gegenwart des Sprechenden fortbesteht. Im Deutschen kann man diesen Sachverhalt durch das Präsens verdeutlichen:

nōvī	ich habe kennengelernt →	ich kenne, weiß
cōnsuēvī	ich habe mich gewöhnt →	ich bin gewohnt, pflege

c) Ōdī et amō. — Ich hasse und liebe.
Mementō tē hominem esse! — Denke daran (vergiß nicht), daß du ein Mensch bist!

Verba defectiva (unvollständige Verben) bilden nur wenige Formen:
Nur im Perfektstamm kommen vor:

ōdisse hassen

ōdī[1]	ich hasse	Konj. Perf.:	ōderim
ōderam	ich haßte	Konj. Plqpf.:	ōdissem
ōderō	ich werde hassen		

Ebenso:

coepisse[2]	angefangen haben
meminisse[3]	gedenken, sich erinnern

Merke: mementō! gedenke!
mementōte! gedenket!

d) Paucī, ut ait Horātius, sorte suā contentī sunt. — Wenige sind, wie Horaz sagt, mit ihrem Los zufrieden.

Von einigen Verben kommen nur einzelne Formen häufiger vor, z. B.

āiō (ait, āiunt)	ich sage, behaupte	quaesō	(ich) bitte
inquam (inquit)	sage ich, habe ich gesagt	salvē, avē	sei gegrüßt!

e) Praestat iniūriam accipere quam facere. — Es ist besser, Unrecht zu erleiden als Unrecht tun.

Verba impersonalia (unpersönliche Verben) kommen nur in der 3. Person Singular („es …") und im Infinitiv vor.

cōnstat	cōnstitit	cōnstāre	es steht fest, ist bekannt
iuvat	iūvit	iuvāre	es erfreut
oportet	oportuit	oportēre	es gehört sich, ist in der Ordnung
ēvenit	ēvēnit	ēvenīre	es ereignet sich, stößt zu
appāret	appāruit	appārēre	es ist klar, ist offenkundig
licet	licuit (licitum est)	licēre	es steht frei, ist erlaubt
condūcit	condūxit	condūcere	es ist förderlich, nützt
praestat	praestitit	praestāre	es ist besser
placet	placuit	placēre	es gefällt, man beschließt

1) *ōdī* ist ein Dehnungsperfekt
2) *coepī, coepistī* usw. ist Ersatz für das fehlende Perfekt von *incipere*
3) *me-min-ī* ist Reduplikationsperfekt (vgl. zu seinem Stamm *mēn-s, men-tīrī, mon-ēre*).

f) Ōtiō fruī licet. — Man kann in Ruhe leben.

Discipulum semper parātum esse oportet. — Es gehört sich, daß ein Schüler immer vorbereitet ist/Es gehört sich für einen Schüler, immer vorbereitet zu sein.

Semper (*erg.* aliquem) parātum esse oportet. — Es gehört sich, daß man immer vorbereitet ist/Es gehört sich, immer vorbereitet zu sein.

Bei unpersönlichen Verben hat der Infinitiv immer die Funktion eines Subjekts (vgl. G 6f).
Auch ein Aci kann die Subjektstelle füllen (vgl. G 56f). Wenn das Subjekt im Aci eine verallgemeinernde Bedeutung hat (dt. ‚man'), fällt es im Lateinischen weg; das Prädikatsnomen (Adjektiv, Substantiv, Partizip) erscheint stets im Akkusativ.

Das Satzmodell mit einem Aci und einem Infinitiv als Subjekt

Discipulum semper parātum esse oportet. — Es gehört sich, daß ein Schüler immer vorbereitet ist.

Subjekt ——— Prädikat *(Aci)* / Adverbiale	*discipulum paratum esse* ——— oportet / semper

Semper parātum esse oportet. — Es gehört sich, immer bereit zu sein.

Subjekt ——— Prädikat *(Adj. beim Inf.)* / Adverbiale	*paratum esse* ——— oportet / semper

g) **prōd**-esse **prō**-sum **prō**fuī nützlich sein, nützen *(prosit! Prost!)*

Wenn zwei Vokale aufeinander folgen, kommt das d dazu.

Die Präposition *prō* zeigt hier vor einem Vokal noch ihre ursprüngliche Form *prōd* (z. B. *prōd-est, prōd-erat, prōd-erit,* aber *prō-sunt, prō-sit, prō-fuit*).

W₁

benevolentia, -ae	Wohlwollen	succēdere, -cēdō, -cessī	nachrücken, nachfolgen *(sukzessiv)*
tyrannus, -ī	Alleinherrscher, Gewaltherrscher, Tyrann	(ne)quīre, (ne)queō[1], (ne)quīvī	(nicht) können
taeter, -tra, -trum	abscheulich, häßlich	ergā *Präp. mit Akk.*	gegen (freundlich)
quīn? *Adv.*	wieso nicht?		

1) Die Formen des Präsensstammes entsprechen denen von *īre.*

W₂

discipulus, -ī	Schüler	horrēre, horreō, horruī	schaudern, starren *(Horror)*
modestus, a, um	maßvoll, bescheiden	praetereā *Adv.*	außerdem
vīlis, -e	billig, wertlos	ergō *Adv.*	also, folglich
imitārī	nachbilden, nachahmen *(imitieren)*	nōnne	etwa nicht

76 fíerī
Adjektive und Substantive als Attribute

G

a) fíerī — fīō — factus sum — 1. werden, geschehen 2. gemacht werden

Fīat voluntās tua!	Dein Wille geschehe!
Nēmō cāsū doctus fit.	Niemand wird durch Zufall gelehrt.

fíerī kann als Vollverb (in der Bedeutung ‚geschehen') und zusammen mit einem Prädikatsnomen (in der Bedeutung ‚werden') verwendet werden.

b) Arma ex ferrō fīunt (facta sunt).	Waffen werden (wurden) aus Eisen gemacht.
Amīcī gaudiō afficiuntur (affectī sunt).	Die Freunde werden (wurden) erfreut.

Die Formen von *fīō* dienen im Präs., Impf. und Fut. I als Passiv zu *faciō*. Im Perf., Plqpf. und Fut. II werden die Passivformen von *facere* mit dem PPP *factus* gebildet.
Die mit Präpositionen gebildeten Komposita von *facere* haben ein regelmäßiges Passiv.

c) *fīō* bildet die meisten Formen des Präsensstammes wie die entsprechenden von *audiō,* doch bleibt *i* auch vor Vokalen lang (ausgenommen *fíerī* und *fíerem* usw.).

Präsens	Indikativ	fīō	fīs	fit	fīmus	fītis	fīunt
	Konjunktiv	fīam	fīās	fīat	fīāmus	fīātis	fīant
	Infinitiv	fíerī					
Imperfekt	Indikativ	fīēbam	fīēbās	fīēbat *usw.*			
	Konjunktiv	fíerem	fíerēs	fíeret *usw.*			
Futur I	Indikativ	fīam	fīēs	fīet *usw.*			
	Partizip	futūrus, a, um					
	Infinitiv	fore *oder* futūrum, am, um esse					

d) Jedes Satzglied, das aus einem Substantiv besteht, kann durch ein **Attribut** genauer gekennzeichnet werden:

Amīcus *certus* in rē incertā cernitur.	Einen *sicheren* Freund erkennt man in einer unsicheren Lage.

Sehr häufig werden *Adjektive* als Attribut verwendet.

Fortitūdō *mīlitum* magna erat.	Die Tapferkeit *der Soldaten* war groß.

Ein *Substantiv* kann als Attribut im *Genitiv* stehen.

Alexander, *rēx Macédonum,* in Indiam pervēnit.	Alexander, *der König der Makedonen,* gelangte nach Indien.

Ein Substantiv kann als Attribut auch eine *Apposition* sein.

Quid dīcam dē iūstitiā in omnēs?	Was soll ich sagen über die Gerechtigkeit allen gegenüber?

Ein *Nomen* als Attribut kann bisweilen auch *mit einer Präposition verbunden* sein (Präpositionalattribut).

Clādēs *ad Marathōnem accepta* rēgī Persārum nūntiāta est.	Die Niederlage *bei Marathon* wurde den Perserkönig gemeldet.

Ein Präpositionalattribut ist im Lateinischen meist mit einem Partizip verbunden.

Omnēs *adhūc* labōrēs irritōs esse putāmus.	Wir glauben, daß alle *bisherigen* Mühen vergeblich sind.

In seltenen Fällen dient auch ein *Adverb in geschlossener Wortstellung* als Attribut.

e) Cōpiae in summō colle cōnspiciēbantur.	Die Truppen wurden erblickt - auf dem höchsten Hügel - auf der höchsten Stelle des Hügels.

Adjektive wie *summus, prīmus, medius* können als Attribut ihr Beziehungswort als Ganzes erläutern oder nur einen Teil näher bestimmen, z. B.

prīmā nocte	in der ersten Nacht	zu Beginn der Nacht
mediā in īnsulā	auf der mittleren Insel	in der Mitte der Insel

f) Um eine sprachliche Aussage zu verdeutlichen, zu veranschaulichen oder auszuschmücken, hat die Sprache neben dem Mittel der Wortstellung noch weitere Möglichkeiten. Besonders beliebt sind dreigliedrige Ausdrücke wie

Lydiam cepisti, Syriam occupasti, Persidem tenes (L 76, 5).

Ein solches **Tríkolon** (von griech. *tría* drei und *kōlon* Glied, Teil) ist auch im Deutschen beliebt (etwa als Buchtitel: ‚Wind, Sand und Sterne', ‚Götter, Gräber und Gelehrte' usw.).

W

latrō, -ōnis m.	Räuber
irritus, a, um	erfolglos, ungültig
doctus, a, um (docēre)	gelehrt
pār, paris (comparāre)	gleich, angemessen
māior, -ius (magnus)	1. größer 2. älter
glōriārī (glōria)	sich rühmen, prahlen
porrigere, pórrigō, porrēxī, porrēctum	hinstrecken, darreichen
tribuere, tribuō, tribuī, tribūtum	zuteilen, zuweisen (*At-tribut*)
interest, interfuit, interesse	es liegt daran, ist wichtig
quisquam, quicquam[1], cuiusquam *usw.*	irgend jemand, irgend etwas, irgendein(er) *usw.*

Genitiv maioris

wie surgere pergere

es ist ein Unterschied

Merke:

Sīc fīat necesse est.
Sīc fierī necesse est. } Es muß (notwendig) so geschehen.

77 Prädikativum Participium coniunctum

G a) Solō senex in Aegyptum sēcessit. — Solon ging als alter Mann (im Alter) nach Ägypten.

Das Substantiv *senex* erweitert das aus einem Vollverbum bestehende Prädikat durch eine zusätzliche Information.

b) Puerī laetī (salvī) domum revertērunt. — Die Kinder kehrten fröhlich (unversehrt) nach Hause zurück.

Auch Adjektive können eine zusätzliche Information zu dem aus einem Vollverbum bestehenden Prädikat enthalten.

Ein Nomen, das die Hauptaussage im Satz durch eine zusätzliche Information (z. B. Angabe eines Zustandes, einer Reihenfolge und dgl.) erweitert, nennt man **Prädikativum**. Es steht mit seinem Beziehungswort in Kongruenz.

---

1) auch *quidquam;* das Indefinitpronomen *quisquam* steht nur in Sätzen, die sinngemäß eine Verneinung enthalten.

c) Als substantivische Prädikativa werden Altersangaben und Amtsbezeichnungen verwendet, z. B. *cōnsul* als Konsul.

Adjektive (Partizipien, Pronomina) als Prädikativa sind vor allem:

praesēns	in Anwesenheit, persönlich	prīnceps	als erster, zuerst
		postrēmus	als letzter, zuletzt
absēns	in Abwesenheit	ultimus	als letzter, zuletzt
vīvus	zu Lebzeiten	medius	in der Mitte
mortuus	im, nach dem Tode	ūnus	allein
maestus	traurig, betrübt	sōlus	allein
sciēns	wissentlich, mit Wissen	tōtus	ganz
īnscius	ohne Wissen	ipse	selbst, in eigener Person

d) Unterscheide:

Invītus nōs dīmīsit. — Er entließ uns gegen seinen Willen (d. h. ungern).

Invītōs nōs dīmīsit. — Er entließ uns gegen unseren Willen.

Die Zugehörigkeit des Prädikativums zu seinem Beziehungsnomen muß auch in der Übersetzung klar zum Ausdruck kommen.

e) Dionȳsius tyrannus Syrācūsīs expulsus Corinthum petīvit. — Der Tyrann Dionysios, aus Syrakus vertrieben, fuhr nach Korinth.

Auch ein Partizip (das wie ein Nomen dekliniert wird) kann als Prädikativum bezeichnet werden.
Weil dieses Partizip mit einem notwendigen Satzglied verbunden ist, nennt man es **Participium coniunctum**[1].

f) Das Partizip als Prädikativum gibt an, in welchem **Zeitverhältnis** es zum Prädikat des Satzes steht.

1. Domum reversus patrem salūtāvī (salūtō, salūtābō.)

   Nach Hause zurückgekehrt, habe ich den Vater begrüßt (begrüße ich ..., werde ich ... begrüßen).

   Das **Partizip Perfekt** (Partizip der **Vorzeitigkeit**) drückt eine Vorzeitigkeit zum übergeordneten Prädikat aus: Ich begrüßte den Vater (begrüße ..., werde ... begrüßen), nachdem ich nach Hause zurückgekehrt bin (war).

2. Domī manēns mātrem adiūvī (adiuvō, adiuvābō).

   Zu Hause bleibend, habe ich der Mutter geholfen (helfe ich ..., werde ich ... helfen).

   Das **Partizip Präsens** (Partizip der **Gleichzeitigkeit**) drückt eine Gleichzeitigkeit zum übergeordneten Prädikat aus: Ich half der Mutter dadurch, daß ich zu Hause blieb (ich helfe ..., werde ... helfen, dadurch daß ich ... bleibe).

1) *coniungere, -iūnxī, -iūnctum* verbinden

3. Etiam soror vēnit (venit, veniet) mātrem adiūtūra.

Auch die Schwester ist gekommen (kommt, wird kommen), um der Mutter zu helfen.

Das **Partizip Futur** (Partizip der **Nachzeitigkeit**) drückt eine Nachzeitigkeit zum übergeordneten Prädikat aus: Die Schwester kam (kommt, wird kommen) und wird (will) dann der Mutter helfen.

g) Zwischen dem als Prädikativum gebrauchten Partizip und der im Prädikat enthaltenen Aussage besteht eine logische Beziehung. Diese kann nur aus dem Zusammenhang erschlossen werden.

Folgende **Bedeutungen** (Sinnrichtungen) kommen vor:

- temporal (Zeit):

Dionȳsius ē patriā expulsus Corinthum petīvit.

Als Dionysius aus seiner Heimatstadt vertrieben worden war, fuhr er nach Korinth.

- kausal (Grund):

Interdiū stēllās nōn cōnspicimus lūce sōlis obscūrātās[1].

Bei Tage erblicken wir die Sterne nicht, weil sie vom Licht der Sonne verdunkelt werden.

- konditional (Bedingung):

Virtūs crēscit laudāta.

Die Tüchtigkeit wächst, wenn sie Beifall findet.

- konzessiv (Einräumung):

Animus sē nōn vidēns alia cernit.

Obwohl der Geist sich selbst nicht sieht, erkennt er anderes.

- modal (Art und Weise):

Themistoclēs dolum adhibēns Persās vīcit.

Themistokles besiegte die Perser dadurch, daß er eine List anwendete (…, indem er …).

- final (Absicht):

Graecī Thermopylās ingressī sunt Persās dēfēnsūrī.

Die Griechen besetzten die Thermopylen, um die Perser abzuwehren.

Das Partizip Futur hat meistens eine finale Bedeutung.

1) *obscūrāre* zu *obscūrus, a, um*

h) Dionȳsius Syrācūsīs expulsus Corinthum petīvit.

Die **Übersetzung** eines als Prädikativum gebrauchten Partizips kann auf verschiedene Weisen erfolgen:

1. Partizip:
   Dionysios, aus Syrakus vertrieben, fuhr nach Korinth.
2. Relativsatz:
   Dionysios, der aus Syrakus vertrieben worden war, fuhr nach Korinth.
3. konjunktionaler Gliedsatz: als, während
   Dionysios fuhr, nachdem er aus Syrakus vertrieben worden war, nach Korinth.
4. Präpositionalausdruck:
   Dionysios fuhr nach seiner Vertreibung aus Syrakus nach Korinth.
5. Beiordnung:
   Dionysios wurde aus Syrakus vertrieben und fuhr dann nach Korinth.

In dem gewählten Beispielssatz ist das Zeitverhältnis des Partizips zum Prädikat des Satzes vorzeitig, die Bedeutung ist temporal.
Die Übersetzung durch ein Partizip bzw. durch einen Relativsatz ist häufig nicht möglich. Es empfiehlt sich daher eine Übersetzung mit konjunktionalem Gliedsatz, Präpositionalausdruck oder durch Beiordnung.

W

stēlla, -ae	Stern *(Konstellation)*	frequēns, -entis	zahlreich, häufig, dicht gedrängt
spectātor, -ōris m.	Zuschauer, Beobachter	inopīnāns, -antis (opīnārī)	ahnungslos
flōs, flōris m.	Blüte, Blume *(Flora)*	hílaris, -e	heiter
invītus, a, um	ungern (eigtl. ‚gegen den Willen‘)	salūtāre	grüßen, begrüßen *(salutieren)*
postrēmus, a, um	der letzte	comitārī (comes)	begleiten
dīversus, a, um	verschieden, nach verschiedenen Richtungen gewendet *(divers)*	plaudere, plaudō, plausī plausum	(Beifall) klatschen *(ap-plaudieren; ex-plodieren)*
timidus, a, um (timēre)	furchtsam	expellere, expellō, éxpulī, expulsum	hinausstoßen, vertreiben
vīvus, a, um	lebend, lebendig	prīmum *Adv.*	zum erstenmal
absēns, -entis (abesse)	abwesend	sīcut *Adv.*	wie (zum Beispiel)
praesēns, -entis	anwesend, gegenwärtig *(Präsens; Präsenz)*		

Semideponens (vgl. G 75a):

revertī	revertor	revertī revertistī *usw.*	zurückkehren
Infinitiv Präsens Passiv		Personal-endung Perfekt Aktiv	

78 Ablativ mit Prädikativum I (Ablativus absolutus)

G a) Pāx facta erat. — Friede war geschlossen worden.

Rōmānī domum revertērunt. — Die Römer kehrten nach Hause zurück.

Pāce factā Rōmānī domum revertērunt. — Nachdem der Friede geschlossen war, kehrten die Römer nach Hause zurück/ Nachdem die Römer Frieden geschlossen hatten, kehrten sie nach Hause zurück.

Häufig wird in einem Satz zur Hauptaussage eine weitere Aussage hinzugefügt. Dies kann im Lateinischen durch einen Wortblock geschehen, der aus einem Nomen im Ablativ und einem zu ihm kongruenten Prädikativum besteht.
Dieser Wortblock erfüllt die Funktion eines Adverbiales und wird als **Ablativ mit Prädikativum** oder als **Ablativus absolutus**[1] bezeichnet.
Das Nomen des Ablativus absolutus übernimmt die Funktion des Subjekts zu der durch das Prädikativum gemachten Aussage. So wird es auch bei einer Wiedergabe durch einen konjunktionalen Gliedsatz im Deutschen zum Subjekt dieses Gliedsatzes.

b) Wie beim Participium coniunctum gibt das Tempus des verwendeten Partizips das **Zeitverhältnis** der im Ablativ mit Prädikativum gemachten Aussage zum übergeordneten Prädikat an (vgl. G 77 f).

c) Auch die verschiedenen Bedeutungen (Sinnrichtungen, logischen Beziehungen zum Prädikat des Satzes) lassen sich wie beim Participium coniunctum unterscheiden (vgl. G 77g).

---

1) Der häufig gebrauchte Begriff ‚Ablativus absolutus' (‚losgelöster Ablativ') für den Begriff ‚Ablativ mit Prädikativum' ist daraus zu erklären, daß sich diese Konstruktion aus dem Funktionszusammenhang des Satzes ‚herauslösen' läßt, ohne daß der funktionale Satzkern eine Beeinträchtigung erleidet. Beim Participium coniunctum, dem ‚verbundenen Partizip', ist im Gegensatz zum Ablativus absolutus nicht die ganze Konstruktion, sondern nur das Partizip ‚herauslösbar'.

d) Die Bedeutung (Sinnrichtung) muß aus dem Zusammenhang erschlossen werden.

Folgende **Bedeutungen** kommen vor:

Pāce factā Rōmānī domum revertērunt.

- temporal:

Nachdem der Friede geschlossen war, kehrten die Römer nach Hause zurück.	1. Übersetzung mit einem konjunktionalen Gliedsatz
Nach dem Friedensschluß kehrten die Römer nach Hause zurück.	2. Übersetzung mit einem Präpositionalausdruck
Der Friede war geschlossen, (und) danach kehrten die Römer nach Hause zurück.	3. Übersetzung durch Beiordnung

Parentibus suādentibus herī domī mānsimus.

- kausal:

Weil die Eltern dazu rieten, blieben wir gestern daheim.	1. konjunktionaler Gliedsatz
Auf den Rat der Eltern hin blieben wir gestern daheim.	2. Präpositionalausdruck
Die Eltern rieten dazu, (und) deshalb blieben wir gestern daheim.	3. Beiordnung

Opere cōnfectō quiēscere licet.

- konditional:

Falls die Arbeit vollendet ist, darf man ruhen.	1. konjunktionaler Gliedsatz
Im Falle der Vollendung der Arbeit darf man ruhen.	2. Präpositionalausdruck
Die Arbeit ist vollendet, (und) in diesem Fall darf man ruhen.	3. Beiordnung (hier unschön)

Paucīs dēfendentibus Rōmānī oppidum expūgnāre nōn potuērunt.

- konzessiv:

Obwohl nur wenige sie verteidigten, konnten die Römer die Stadt nicht erobern.	1. konjunktionaler Gliedsatz
Trotz der geringen Zahl der Verteidiger konnten die Römer die Stadt nicht erobern.	2. Präpositionalausdruck
Es gab nur wenige Verteidiger, (aber) trotzdem konnten die Römer die Stadt nicht erobern.	3. Beiordnung

Rōmānī oppidum expūgnāvērunt nūllō dēfendente.

- modal:

Die Römer eroberten die Stadt, ohne daß jemand sie verteidigte (wobei niemand sie verteidigte).	1. konjunktionaler Gliedsatz
Die Römer eroberten die Stadt ohne jeden Widerstand.	2. Präpositionalausdruck
Es gab keinen Verteidiger (niemand verteidigte), (und) so eroberten die Römer die Stadt.	3. Beiordnung

e) Überblick über die **Übersetzungsmöglichkeiten** für Participium coniunctum und Ablativ mit Prädikativum:

Sinnrichtung	Übersetzungsmöglichkeiten		
	konjunktionaler Gliedsatz	Präpositional-ausdruck	Beiordnung
temporal	*vorzeitig:* nachdem, als *gleichzeitig:* während, wenn, als, solange	nach während, bei	(und) danach (und) dabei
kausal	weil, da	wegen, aus, infolge	(und) deshalb (und) daher
konditional	wenn, falls	im Falle	(und) in diesem Falle
konzessiv	obwohl, wenn auch	trotz	(aber) trotzdem (aber) dennoch
modal	dadurch daß, indem, wobei *verneint:* ohne daß	bei, durch *verneint:* ohne	(und) dabei (und) so –
final	damit	zum Zwecke, um ... willen	–

Merke:
Wörtliche Übersetzung bzw. Übersetzung durch einen Relativsatz sowie finale Sinnrichtung sind nur beim Participium coniunctum möglich, aber nicht beim Ablativ mit Prädikativum.

W

bibliothēca, -ae	Bücherei, Bibliothek
incola, -ae m. (colere)	Einwohner, Bewohner
initium, -ī	Anfang, Beginn *(Initiative)*
silentium, -ī	Schweigen, Stille *(Silentium)*
colloquium, -ī (colloquī)	Unterredung, Gespräch *(Kolloquium)*
avis, -is f.	Vogel
idōneus, a, um	geeignet, passend
plūrimī, ae, a	sehr viele, die meisten
interrogāre (intérrogō)	fragen *(Interrogativ-Pronomen)*
recitāre (récitō)	vortragen, vorlesen *(zitieren; rezitieren)*
sānāre	heilen, gesund machen *(Sanatorium)*
indīgnārī (in-dīgnus)	sich empören, sich entrüsten *(indigniert)*

(ad)mīrārī (admīrātiō)	sich wundern, bewundern
cohortārī (hortārī)	ermutigen, anfeuern
inīre (initium)	1. hineingehen, betreten 2. beginnen
distribuere, -tribuō, -tribuī, -tribūtum (tribuere)	verteilen *(distributiv)*
ēdūcere, -dūcō, -dūxī, -ductum	herausziehen, herausführen
cōnsīdere, cōnsīdō, cōnsēdī	sich setzen, sich niederlassen
suprā *Präp. mit Akk.*	oberhalb, über

Merke:

(senātōrem) sententiam rogāre — (einen Senator) nach der Meinung fragen (bei einer Abstimmung)

79 Ablativ mit Prädikativum II (Ablativus absolutus)

G

Themistocle auctōre Athēniēnsēs nāvēs aedificābant.	Auf Veranlassung des Themistokles bauten die Athener Schiffe.
Patre mortuō fīliī pecūniam dissipāvērunt.	Nach dem Tod des Vaters vergeudeten die Söhne das Geld.

An die Stelle eines Partizips können beim Ablativ mit Prädikativum auch Substantive oder Adjektive treten, und zwar

- Substantive, die eine handelnde Person in ihrer Tätigkeit, ihrem Alter oder ihrem Amt charakterisieren

Tätigkeit:	mē duce	unter meiner Führung
	vōbīs comitibus	in euerer Begleitung
Alter:	Alexandrō puerō	als Alexander noch ein Kind war
Amt:	Cicerōne cōnsule	unter dem Konsulat Ciceros
	Augustō imperātōre	unter der Herrschaft des Augustus

– Adjektive, die einen körperlichen oder seelischen Zustand ausdrücken

mātre īnsciā	ohne Wissen der Mutter
parentibus invītīs	gegen den Willen der Eltern
eō absente	in seiner Abwesenheit
eā praesente	in ihrer Anwesenheit

Solche Ausdrücke werden im Deutschen meistens durch einen Präpositionalausdruck wiedergegeben.

W

colōnia, -ae (colere)	Ansiedlung, Kolonie
domicilium, -ī	Wohnsitz *(Domizil)*
fundāmentum, -ī	Grund(lage) *(Fundament)*
tranquillus, a, um	ruhig, friedlich
patiēns, -entis (patī)	geduldig, ertragend
incolumis, -e (calamitās)	unversehrt, heil
dūrāre (dūrus)	1. hartmachen 2. dauern, aushalten
remanēre, -maneō, -mānsī, -mānsūrus	(zurück)bleiben
lēnīre	mildern, lindern
dēpellere, dēpellō, dēpulī, dēpulsum	vertreiben
lūdere, lūdō, lūsī, lūsum (lūdus)	spielen, scherzen
edere, edō, ēdī, ēsum	essen, fressen
postrīdiē *Adv.* (post; diēs)	am nächsten Tag, tags darauf
quidem *Adv.*	gerade, wenigstens, zwar, freilich

80 Komparation I
Ablativus comparationis

G a) Turris alta est, collis est altior, mōns est altissimus. — Der Turm ist hoch, der Hügel ist höher, der Berg ist am höchsten.

Das Lateinische kann wie das Deutsche bei Adjektiven mit Hilfe der **Komparation** Vergleiche anstellen. Man unterscheidet:

Positiv:	Grundstufe
Komparativ:	Vergleichsstufe
Superlativ:	Höchststufe

b) Der **Komparativ** wird durch Anfügung eines Suffixes an den Wortstock gebildet, und zwar

-ior (-iōris) im Mask. u. Fem., **-ius (-iōris)** im Neutr.

Positiv	Wortstock	Komparativ		Bedeutung
altus	alt-	alt-ior m. f.	alt-ius n.	höher
asper	asper-	asper-ior	asper-ius	rauher
pulcher	pulchr-	pulchr-ior	pulchr-ius	schöner
celer	celer-	celer-ior	celer-ius	schneller
ācer	ācr-	ācr-ior	ācr-ius	schärfer
audāx	audāc-	audāc-ior	audāc-ius	kühner

Die Komparative werden wie Konsonantenstämme (z. B. *ōrātor, -ōris*) dekliniert, das Neutrum hat im Nom. und Akk. Plur. den Ausgang *-a*.

c) Nūlla bēstia fidēlior est quam canis. — Kein Tier ist treuer als der Hund.
Nūlla bēstia fidēlior est cane. — Kein Tier ist treuer als der Hund (eigtl. ‚vom Hund aus betrachtet').

Dem lateinischen Komparativ entspricht gewöhnlich auch im Deutschen ein Komparativ. Das Vergleichsglied steht dabei im **Ablativ des Vergleichs** *(ablātīvus comparātiōnis)* oder wird mit *quam* (als) gekennzeichnet.

d) Caelum asperius est. — Das Klima ist (all)zu rauh.
Verba tua obscūriōra sunt. — Deine Worte sind ziemlich dunkel.

Wenn kein Vergleichsglied angegeben ist, hat der lat. Komparativ die Bedeutung eines verstärkenden oder abschwächenden Zusatzes. Im Deutschen setzt man ‚zu, allzu, etwas, ziemlich, ein wenig' zum Positiv des Adjektivs.

e) Der **Superlativ** ist gekennzeichnet durch die Suffixe

-issimus, a, um (erweitert aus *-simus*)
-rimus, a, um (aus *-simus*)
-limus, a, um (aus *-simus*)

An den Wortstock der meisten Adjektive wird **-issimus, a, um** gesetzt, z. B.

Positiv	Wortstock	Superlativ	Bedeutung
altus	alt-	alt-issimus	der höchste
fortis	fort-	fort-issimus	der tapferste
fēlīx	fēlīc-	fēlīc-issimus	der glücklichste
praestāns	praestant-	praestant-issimus	der vortrefflichste

-rimus, a, um erhalten die Adjektive auf *-er* ohne Rücksicht auf den Wortstock:

Positiv	Superlativ	Bedeutung
asper	asper- rimus	der rauheste
pulcher	pulcher-rimus	der schönste
celer	celer- rimus	der schnellste
ācer	ācer- rimus	der schärfste

-limus, a, um tritt an den Wortstock der folgenden Adjektive:

Positiv	Wortstock	Superlativ	Bedeutung
facilis	facil-	facil- limus	der leichteste
difficilis	difficil-	difficil- limus	der schwierigste
similis	simil-	simil- limus	der ähnlichste
dissimilis	dissimil-	dissimil-limus	der unähnlichste
humilis	humil-	humil- limus	der niedrigste

Alle anderen Adjektive auf *-ilis* sind regelmäßig gebildet:

nōbilis, -e nōbilior, -ius nōbilissimus, a, um

f) Tiberis flūmen longissimum est. Der Tiber ist ein sehr langer Fluß.

Oft dient der Superlativ nur zur Hervorhebung. Dieser sog. **Elativ** (von *ēlātus* herausgehoben) bezeichnet einen sehr hohen Grad:

altissimus	sehr (ganz, äußerst, überaus) hoch
clārissimus	sehr berühmt, hochberühmt
pulcherrimus	sehr schön, wunderschön
veterrimus	sehr alt, uralt

g) Durch eine Wortstellung, die von der üblichen abweicht, kann beim Hörer oder Leser Aufmerksamkeit erregt werden:

Nulla Romanis urbs carior erat Roma (L 80,7).
Neque pecuniae ampliorem habebant honorem quam deis et parentibus, quos animo colebant gratissimo (L 80,14 f.).

Hier sind die zusammengehörigen Wortgruppen *nulla urbs, ampliorem honorem* und *animo gratissimo* durch die Satzteile *Romanis, habebant* und *colebant* getrennt. Eine solche Erscheinung nennt man **Hypérbaton** (von griech. *hyperbatós* übersprungen).

W

pavor, -ōris m.	Angst, Furcht
collis, -is m. (ex-cellere)	Hügel, Anhöhe
situs, a, um	gelegen, liegend
splendidus, a, um	glänzend, prächtig *(splendid)*
horridus, a, um (horrēre)	rauh, roh, schrecklich
validus, a, um (valēre)	gesund, stark *(In-valide)*
saevus, a, um (saevīre)	wütend, wild
locuplēs, -ētis (locus; com-plēre)	begütert, wohlhabend
praestāns, -antis (praestāre)	vortrefflich, außerordentlich
difficilis, -e (facilis)	schwierig, schwer (zu tun)
dissimilis, -e (similis)	unähnlich
simplex, -icis	einfach, schlicht *(simpel)*

81 Komparation II

G a) Den Komparativ und Superlativ bilden von verschiedenen Stämme:

bonus	gut	melior	besser	optimus	der beste
malus	schlecht	peior	schlechter	pessimus	der schlechteste
magnus	groß	māior	größer	māximus	der größte
parvus	klein	minor	kleiner	minimus	der kleinste
multum	viel	plūs	mehr	plūrimum	am meisten
multī	viele	plūrēs, plūrium	mehr	plūrimī	die meisten

b) Folgende Komparative und Superlative gehen auf Präpositionen zurück:

(intrā	innerhalb)	interior	der innere	intimus	der innerste
(extrā	außerhalb)	exterior	der äußere	extrēmus	der äußerste
(ultrā	jenseits)	ulterior	der jenseitige	ultimus	der letzte
(īnfrā	unterhalb)	īnferior	der untere	īnfimus, īmus	der unterste
(suprā	oberhalb)	superior	der obere, der frühere	suprēmus	der letzte
				summus	der oberste, höchste
(prō	vor)	prior	der vordere	prīmus	der erste
(post	hinter)	posterior	der spätere	postrēmus	der letzte
(prope	nahe bei)	propior	der nähere	proximus	der nächste, der letztvergangene

c) Frāter pulchrē scrībit, soror pulchrius, māter autem pulcherrimē.

Der Bruder schreibt schön, die Schwester schöner, die Mutter aber am schönsten.

Der Komparativ der aus Adjektiven gebildeten **Adverbien** entspricht dem Akk. Neutr. Sing. des Komparativs.
Die Superlativform hat den Ausgang *-ē*:

iūstē	iūstius	iūstissimē
gerecht, auf gerechte Weise	gerechter, auf gerechtere Weise	am gerechtesten, auf sehr gerechte Weise
pulchrē	pulchrius	pulcherrimē
fēlīciter	fēlīcius	fēlīcissimē
facile	facilius	facillimē

Merke:

bene	gut	melius	besser	optimē	am besten
male	schlecht	peius	schlechter	pessimē	am schlechtesten
valdē / magnopere	sehr	magis	mehr	māximē	am meisten
multum	viel	plūs	mehr	plūrimum	am meisten
paulum	wenig	minus	weniger	minimē	am wenigsten

d) Abkürzungen der lateinischen *praenomina:*

A.	Aulus	D.	Decimus	P.	Pūblius	Sp.	Spurius
Ap(p).	Appius	L.	Lūcius	Q.	Quīntus	T.	Titus
C.	Gāius	M.	Mārcus	S(ex).	Sextus	Ti(b).	Tiberius
Cn.	Gnaeus	M'.	Mānius	Ser.	Servius		

W1

cēra, -ae	Wachs	distinguere, distinguō, distīnxī, distīnctum	unterscheiden
vetustus, a, um	alt, altertümlich	quō … eō	je … desto

Merke:

maior } nātū — älter, der Ältere
minor } nātū — jünger, der Jüngere

W2

saeculum, -ī	Zeitalter, Jahrhundert *(säkular)*	incolere, íncolō, incoluī (incola)	bewohnen, siedeln
opēs, -um f.	1. Reichtum, Schätze 2. Macht	ultrā *Präp. mit Akk.*	jenseits, über, über … hinaus *(ultra-violett)*
opulentus, a, um	reich, mächtig	īnfrā *Präp. mit Akk.*	unterhalb, unter *(infra-rot)*
fīnitimus, a, um	benachbart, angrenzend; Subst.: (Grenz-)Nachbar		

82

Der Akkusativ als Objekt

G a) Amīcōs adiuvāmus. — Wir unterstützen die Freunde/Wir helfen den Freunden.

Nātūram dēbēmus ducem sequī. — Wir müssen der Natur als Führerin folgen.

Der Akkusativ als Objekt steht bei **transitiven** Verben (vgl. G 66 b). Manche transitive Verben werden im Deutschen häufig durch ein intransitives Verbum wiedergegeben:

(ad)iuvāre amīcum	den Freund unterstützen, dem Freund helfen
dēficere aliquem	einem fehlen, ausgehen
fugere hostem	vor dem Feind fliehen
effugere perīculum	der Gefahr entfliehen, entkommen
sequī amīcum	dem Freund folgen

Amīcī ā nōbīs adiuvantur. — Den Freunden wird von uns geholfen.

Transitive Verben bilden ein persönliches Passiv.

Merke:

dēficere ā sociīs — von den Verbündeten abfallen

b) Ōrātōrem īrātum esse minimē decet. — Zornig zu sein schickt sich für einen Redner überhaupt nicht.

Auch unpersönliche Verben können Akkusativobjekte bei sich haben, z. B.

iuvat	mē (tē, eum *usw.*)	(es freut mich)	es macht mir Freude, es gefällt mir
decet[1]	mē (tē, eum *usw.*)	(es ziert mich)	es schickt sich, ziemt sich für mich
fugit	mē (tē, eum *usw.*)		es entgeht mir, bleibt mir verborgen, ich weiß nicht

c) Nōn omnēs eadem mīrantur. — Nicht alle bewundern dasselbe (wundern sich über dasselbe).

Der Akkusativ als Objekt steht auch oft bei Verben der Gefühlsäußerung. In der deutschen Übersetzung wird meist ein Präpositionalausdruck verwendet, z. B.

dolēre mortem	einen Todesfall bedauern, Schmerz empfinden über einen Todesfall
querī calamitātem	ein Mißgeschick beklagen, klagen über ein Mißgeschick
miserārī fortūnam	sein Schicksal bejammern, über das Schicksal jammern

1) verneint: *dēdecet*

d) Nē aliēna curāveris! — Kümmere dich nicht um fremde Angelegenheiten!

Cavē canem! — Hüte dich vor dem Hund!

Häufig werden transitive Verben des Lateinischen im Deutschen durch Verben mit Präpositionalobjekten ausgedrückt, z. B.

cōgitāre pācem	an Frieden denken
petere urbem	in die Stadt eilen
petere magistrātum	sich um ein Amt bewerben
petere auxilium	um Hilfe bitten
spērāre glōriam	auf Ruhm hoffen
dēspērāre salūtem	an der Rettung verzweifeln
ulcīscī aliquem	sich rächen für jemand (auch: an jemand)
ulcīscī aliquid	sich rächen für etwas

W

adversārius, -ī	Gegner	decet, decuit, decēre	es paßt, schickt sich, ziemt sich *(dezent)*
membrum, -ī	Glied, Teil	convertere, convertō, convertī, conversum	wenden, verwandeln *(konvertieren)*
cōntiō, -ōnis f.	Volksversammlung	hinc *Adv.*	von hier, hierauf, daher
sēcessiō, -ōnis f. (sēcēdere)	Wegzug, Trennung		
plēbs, plēbis f.	(Volks-)Menge, Plebs *(Plebejer)*		
solidus, a, um	fest, ganz, echt *(solid)*		

Merke:

nēminem fugit — jeder weiß

83 Der Akkusativ als Objekt und als Adverbiale

G a) Gallī Alpēs trānscendērunt. — Die Gallier haben die Alpen überschritten.

Intransitive Verben der Bewegung können durch Zusammensetzung mit bestimmten Präpositionen transitiv werden und ein Akkusativobjekt bei sich haben, z. B.

circum-venīre hostēs	die Gegner umzingeln, bedrängen
trāns-īre flūmen	den Fluß überschreiten
in-vādit nōs metus	Furcht befällt uns
con-venīre amīcōs	die Freunde besuchen
cōpiās flūmen trādūcere, trāicere	Truppen über den Fluß setzen

b) Nē modum trānsieritis! — Überschreitet nicht das Maß!

Auch Komposita von *īre* werden transitiv gebraucht, z. B.

in-īre proelium	eine Schlacht beginnen
in-īre cōnsilium	einen Plan fassen
ob-īre mortem	sterben
praeter-īre aliquid silentiō	etwas mit Stillschweigen übergehen

c) Hoc omnēs cōnsentīmus. — Darin stimmen wir alle überein.

In einigen Wendungen findet sich das Neutrum eines Pronomens im Akk. Sg., z. B.

id/hoc dubitāre	daran zweifeln
idem studēre	nach dem gleichen Ziel streben
id tē ōrō	darum bitte ich dich

d) Homo ingeniō plūs valet quam corpore. — Der Mensch vermag durch seine geistige Anlage mehr als durch seine Körperkraft.

Quid vēnistī? — Warum bist du gekommen?

Der Akkusativ des Neutrums einiger Adjektive und Pronomina wird als Adverbiale verwendet **(adverbialer Akkusativ)**:

multum	viel, oft, sehr	nihil	in keiner Weise, durchaus nicht
tantum	soviel, so sehr, nur	quid?	warum? wieso?

ähnlich:

multum, plūs, plūrimum posse	viel, mehr, sehr viel vermögen
nihil valēre	nichts vermögen, keinen Einfluß haben
magnam partem, māximam partem	großenteils, größtenteils

W

praesidium, -ī (sedēre)	Schutz, Besatzung, Stützpunkt *(Präsidium)*
pondus, -eris n.	Gewicht *(Pfund)*
inīquus, a, um (aequus)	ungleich, ungerecht, ungünstig
ferōx, -ōcis (ferus)	wild, unbändig, unerschrocken
vagārī	umherschweifen, sich verbreiten *(Vagabund)*
rērī, reor, ratus sum (ratiō)	rechnen, meinen
obsidēre (sedēre)	belagern
obsidiō, -ōnis f.	Belagerung
trānscendere, -scendō, -scendī, -scēnsum	hinübersteigen, überschreiten
occurrere, occurrō, occurrī	begegnen, entgegentreten
prōficere, -ficiō, -fēcī, -fectum	1. vorankommen, (etwas) ausrichten 2. nützen *(Profit)*
postquam *Kj. mit Ind. Perf.*	nachdem

84 Präpositionen beim Akkusativ (Zusammenfassung und Wiederholung)

G a) Der Akkusativ mit einer Präposition hat meist die Funktion eines Adverbiales. Der Bedeutung nach werden Präpositionen teils örtlich (a), teils zeitlich (b), teils auf andere Bereiche übertragen (c) gebraucht. Präpositionen stehen in der Regel vor ihrem Substantiv (manchmal auch zwischen Attribut und Substantiv, z. B. *multīs dē causīs, quam ob rem*).

ad zu (hin), an, bei; bis (zu)

a) pūgna ad Cannās facta	die Schlacht bei Cannä
ad oppidum contendere	zur Stadt eilen
b) ad hoc tempus	bis zu dieser Zeit
c) quem ad modum	auf welche Weise, wie
ad duo mīlia hominum	an die, gegen 2000 Mann

ante vor

a) ante oculōs omnium	vor aller Augen
b) ante lūcem	vor Tagesanbruch
ante Chrīstum nātum	vor Christi Geburt, vor Christus

post hinter; nach

a) post tergum	im (hinter dem) Rücken
b) post urbem conditam	nach Gründung der Stadt Rom

apud bei (meist bei Personen)

a) apud senātum loquī	vor dem Senat sprechen
c) ut est apud Hērodotum	wie bei Herodot steht

contrā gegenüber, gegen (feindlich)

a) contrā Galliam	Gallien gegenüber
c) contrā nātūram	gegen die Natur, naturwidrig

ergā gegen (freundlich)

c) pietās ergā parentēs	Pflichtbewußtsein gegen die Eltern

extrā außerhalb; aus – heraus

a) extrā mūrōs	außerhalb der Mauern, aus der Stadt heraus
c) extrā ōrdinem	außer(halb) der Reihe

intrā innerhalb; in – hinein

a) intrā moenia	innerhalb der Stadtmauern, in die Stadt hinein
b) intrā paucās hōrās	innerhalb, binnen weniger Stunden

iuxtā (dicht) bei, neben

a) iuxtā mūrum	bei, neben der Mauer

inter zwischen, unter; während

a) inter montem et flūmen	zwischen dem Berg und dem Fluß
b) inter cēnam	während des Essens
c) inter sē, inter nōs usw.	(unter)einander, gegenseitig

īnfrā unterhalb, unter

a) īnfrā pontem	unter(halb) der Brücke

suprā oberhalb

a) suprā terram	oberhalb, über der Erde
c) suprā vīrēs	über die Kräfte hinaus

prope nahe bei

a) prope urbem	nahe bei der Stadt

propter wegen

c) propter inopiam	wegen des Mangels, aus Not

ob entgegen[1]; wegen

a) ob-viam īre	entgegengehen, begegnen
ob oculōs versārī	vor Augen schweben
c) ob eam causam	aus diesem Grund, deswegen
quam ob rem	weswegen; relat. Anschluß: deswegen

per durch, hindurch

a) per prōvinciam iter facere	durch die Provinz ziehen
b) per multōs annōs	viele Jahre hindurch, lang
c) per lēgātōs agere	durch Gesandte verhandeln (Vermittlung)
per deōs immortālēs iūrāre	bei den unsterblichen Göttern schwören
per fidem	gegen das Treuwort, gegen die Zusicherung
per valētūdinem	wegen des Gesundheitszustandes (Grund)
per sē	von sich aus, an (und für) sich

praeter an – vorbei; außer; gegen

a) praeter Siciliam nāvigāre	an Sizilien vorbeisegeln
c) omnēs praeter ūnum	alle außer einem
praeter opīniōnem	wider Erwarten

secundum entlang; gemäß

a) secundum flūmen	den Fluß entlang, längs des Flusses
c) secundum nātūram vīvere	gemäß, nach der Natur leben

circum, circā um, um – herum

a) circum, circā forum	um das Forum (herum)
b) circā hōram prīmam	um die erste Stunde

---

1) *ob* in der Bedeutung ‚entgegen' findet sich vor allem bei Verbalkomposita, z. B. *obīre, obstāre, oppūgnāre.*

ultrā jenseits, über, über - hinaus

a) ultrā montēs	jenseits der Berge
c) ultrā vīrēs	über seine Kräfte

trāns jenseits, über, über - hinüber

a) trāns mare nāvigāre	über das Meer segeln
trāns Rhēnum incolere	jenseits des Rheins siedeln

b) Präpositionen, Adverbien und Adverbialien (Umstandsbestimmung)

- Präpositionen ermöglichen in ihrer ursprünglichen Bedeutung als Adverbien eine Orientierung in Raum und Zeit. In ihrer übertragenen Bedeutung können sie auch andere adverbiale Bestimmungen ausdrücken.
- Adverbien als eigene Wortart bieten umfangreiche Möglichkeiten zur Charakterisierung von Tätigkeiten, Vorgängen und Zuständen.
- Adverbiale Bestimmungen als eigene Position im Satzgefüge können auch durch Gliedsätze angegeben werden; diese werden durch entsprechende Konjunktionen (parataktisch wie bei den Komparativsätzen [vgl. G118] oder hypotaktisch bei den übrigen adverbialen Gliedsätzen) eingeleitet.

Die folgende Skizze gibt einen Überblick über die verschiedenen Adverbialien:

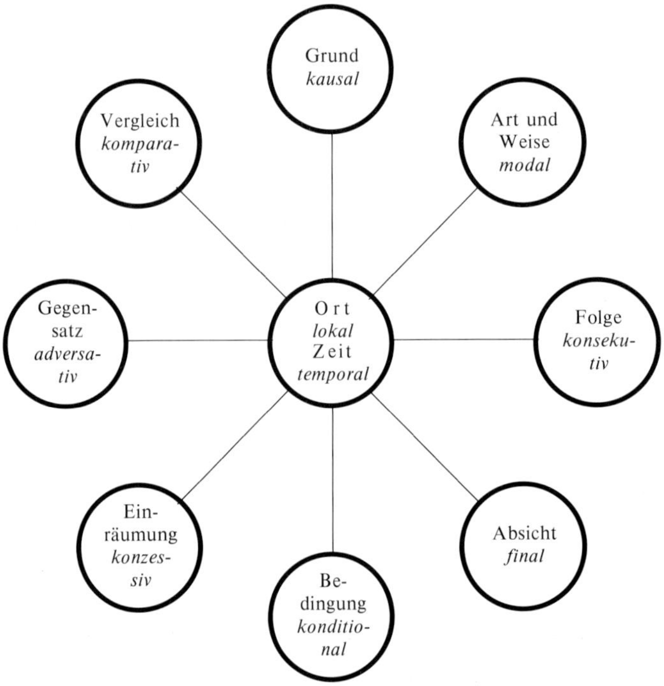

c) Das Nebeneinanderstellen mehrerer Wörter mit gleichem (meist konsonantischem) Anfangsbuchstaben nennt man **Alliteration**:

... eos per fidem fallere ... (L_1 84,4 f.).
Fide servata Regulus perfidia Punica periit (L_1 84,8 f.).

Im zweiten Beispiel wird außerdem die *fides* der *perfidia* gegenübergestellt. Eine solche Gegenüberstellung zweier gegensätzlicher Begriffe oder Gedanken nennt man **Antithése** (von griech. *antí* gegen, *thésis* Stellung).

W_1

iūs iūrandum (*Gen.* iūris iūrandī)	Eid, Schwur	fallere, fallō, fefellī	täuschen
perfidus, a, um	treulos, wortbrüchig	rumpere, rumpō, rūpī, ruptum	brechen (trans.)

Merke:

patrēs cōnscrīptī — offizielle Anrede der Senatoren (eigtl. ‚Väter und Beigeordnete')

W_2

iugum, -ī	Joch; Bergrücken	ēminēre, ēmineō, ēminuī	herausragen, hervorragen *(Eminenz; eminent)*
nix, nivis f.	Schnee	inde *Adv.*	1. von da (örtlich) 2. dann (zeitlich) 3. daher (kausal)
īnfestus, a, um	feindlich, kampfbereit		
coniūrāre (iūs)	sich verschwören		
ambulāre	umhergehen, spazierengehen *(ambulant)*		

85 ferre

G

a) Omnēs labōrēs animō cōnstantī ferāmus!	Laßt uns/Wollen wir alle Mühen standhaft ertragen!
Multōs labōrēs tulimus.	Wir haben viele Mühen ertragen.

Das Verbum *ferre* bildet seine Formen von verschiedenen Stämmen:

ferre ferō tulī lātum — tragen, bringen

b) Die Formen des Präsensstammes:

	Aktiv		Passiv	
	Ind.	Konj.	Ind.	Konj.
Präs.	fer-ō fer-s fer-t fer-i-mus fer-tis fer-u-nt	fer-a-m fer-ā-s *usw.*	fer-or fer-ris fer-tur fer-i-mur fer-i-minī fer-u-ntur	fer-a-r fer-ā-ris *usw.*
Impf.	fer-ēba-m fer-ēbā-s *usw.*	fer-re-m fer-rē-s *usw.*	fer-ēba-r fer-ēbā-ris *usw.*	fer-re-r fer-rē-ris *usw.*
Fut. I	fer-a-m fer-ē-s *usw.*		fer-a-r fer-ē-ris *usw.*	
Inf.	fer-re		fer-rī	
Imp.	fer, fer-te			
Part.	fer-e-ns, fer-e-ntis			

Endungen, die mit *r, s* oder *t* beginnen, sind o h n e Erweiterungsvokal an den Präsensstamm *fer-* angesetzt.

c) Die **Komposita** von *ferre*

Bei den Komposita von *ferre* unterliegen mehrere Präpositionen verschiedenen lautlichen Veränderungen:

afferre	áfferō	áttulī	allātum	herbeitragen, beibringen
auferre	auferō	abstulī	ablātum	wegtragen, wegnehmen
cōnferre	cōnferō	cōntulī	collātum	zusammenbringen, vergleichen, beitragen
differre	differō	distulī	dīlātum	verschieben, aufschieben
differre	differō	–	–	sich unterscheiden
efferre	efferō	extulī	ēlātum	herausheben, hinaustragen
offerre	offerō	obtulī	oblātum	anbieten, darbieten
referre	referō	rettulī	relātum	(zurück)bringen, berichten, beziehen auf
(tollere	tollō)	sustulī	sublātum	aufheben, beseitigen

W

agrīcultūra, -ae (ager; colere)	Ackerbau, Landwirtschaft
agricola, -ae m.	Bauer
invidia, -ae (invidēre)	Neid, Mißgunst
vigilia, -ae (vigilāre)	(Nacht-)Wache, Wachtposten

pīrāta, -ae m.	Seeräuber *(Pirat)*	lārgus, a, um (lārgīrī)	freigebig, reichlich
nūntius, -ī	Bote, Botschaft	ēgregius, a, um	ausgezeichnet, hervorragend
īnstrūmentum, -ī (īnstruere)	Werkzeug, Hilfsmittel *(Instrument)*	absolvere, absolvō, absolvī, absolūtum	freisprechen, vollenden *(absolut; Absolution; Absolvent)*
sūdor, -ōris m.	Schweiß	tamquam (sī) *Kj.*	wie wenn, (gleich) als ob
aedīlis, -is m. (aedēs)	Ädil (Aufsichtsbeamter)		
suspīciō, -ōnis f.	Verdacht, Vermutung		
fūnus, -eris n.	Bestattung, Leichenzug		

Merke:

laudibus efferre — rühmen, preisen
alicui diem dīcere — einen vor Gericht laden

86 velle – nolle – malle
Infinitiv als Objekt

G a) Nōn semper eadem volō, quae tū vīs. — Ich will nicht immer dasselbe, was du willst.

Besonderheiten im Präsensstamm treten auf bei

velle	volō	voluī	wollen
nōlle	nōlō	nōluī	nicht wollen
mālle	mālō	māluī	lieber wollen

b) Die Formen des Präsensstammes:

Präs.	Ind.	volō ich will vīs *usw.* vult volumus vultis volunt	nōlō ich will nicht nōn vīs *usw.* nōn vult nōlumus nōn vultis nōlunt	mālō ich will lieber māvīs *usw.* māvult mālumus māvultis mālunt
	Konj.	velim velīs *usw.*	nōlim nōlīs *usw.*	mālim mālīs *usw.*
Impf.	Ind.	volēbam volēbās *usw.*	nōlēbam nōlēbās *usw.*	mālēbam mālēbās *usw.*
	Konj.	vellem vellēs *usw.*	nōllem nōllēs *usw.*	māllem māllēs *usw.*
Fut. I		volam volēs *usw.*	nōlam nōlēs *usw.*	mālam mālēs *usw.*

Inf.	velle	nōlle	mālle
Imp.	–	nōlī! nōlīte!	–
Part.	volēns, -entis	⟨invītus, a, um⟩	–

Bei *velle* sind die Endungen *-t* und *-tis* sowie die Infinitivendung ohne Erweiterungsvokal an den Präsensstamm *vel-* angesetzt, der nach bestimmten Lautregeln zu *vol-* bzw. *vul-* wird.

nōlō ist aus *ne-volō* zusammengezogen (vgl. *ne-sciō*).
mālō ist aus *mag(i)s volō* entstanden.

c) Nōlī mē tangere! — Rühr mich nicht an!
Nōlīte hoc facere! — Tut das nicht!

Der Imperativ von *nōlle* in Verbindung mit einem Infinitiv als Objekt drückt ein Verbot aus (**Prohibitiv**; vgl. G 67e).

d) Praeterita mūtāre nōn possumus. — Vergangenes können wir nicht ändern.
Vincere scīs, Hannibal, victōriā ūtī nescīs. — Zu siegen verstehst du, Hannibal, den Sieg auszunutzen, verstehst du nicht.

Bei vielen Verben, die meist Vorstufen einer Handlung bezeichnen und deshalb einer Ergänzung durch ein Objekt bedürfen, übernimmt der Infinitiv (wie im Deutschen) die Funktion dieses Objektes (vgl. G 6f), z. B.

posse	können
scīre	wissen, verstehen
nescīre	nicht verstehen
velle	wollen
nōlle	nicht wollen
mālle	lieber wollen
cupere	wünschen
dēbēre	müssen
incipere	beginnen
parāre	vorhaben, sich anschicken
pergere	fortfahren (zu tun)
dēsinere	aufhören
solēre, cōnsuēvisse	pflegen, gewohnt sein
audēre	wagen
contendere, studēre	sich bemühen
cōnārī	versuchen
statuere, cōnstituere, dēcernere	beschließen
properāre	sich beeilen
cūnctārī	zögern, zaudern
recūsāre	sich weigern
dubitāre	Bedenken tragen

e) Omnēs beātī esse volunt. — Alle wollen glücklich sein.

Ein Prädikatsnomen (Adjektiv, Substantiv, Partizip) bei einem Infinitiv, der die Objektstelle füllt, steht immer im Nominativ, da es zum Subjekt des Satzes kongruent ist (vgl. dagegen Infinitiv als Subjekt G 75f).

Das Satzmodell mit einem Infinitiv als Objekt

Omnēs beātī esse volunt. — Alle wollen glücklich sein.

Subjekt ——— Prädikat \ Objekt *(Adj. beim Inf.)*	omnes ——— volunt \ *beati esse*

f) Wenn mehrere Sätze oder Teile von Sätzen mit dem gleichen Wort beginnen, nennt man diese Erscheinung **Anápher** (von griech. *anaphorá* Wiederaufnahme):

Quare multa milia passuum vis procedere? Quare multorum virorum sanguinem profundere? Quare ista omnia, quae desideras, non vis iam nunc percipere? (L 86,16 f.)

W

schola, -ae	Schule
possessiō, -ōnis f. (possidēre)	Besitz
discessus, -ūs (discēdere)	Abreise, Abzug
passus, -ūs	Schritt (Doppelschritt)
dīvīnus, a, um	göttlich
perīculōsus, a, um (perīculum)	gefährlich
cautus, a, um (cavēre)	vorsichtig *(Kaution)*
pertinēre, pertineō, pertinuī	sich erstrecken, sich beziehen (auf)
resistere, resistō, restitī	Widerstand leisten, innehalten
percipere, percipiō, percēpī, perceptum	erfassen, wahrnehmen
aliquandō *Adv.*	irgendwann, einmal
tot *(unveränderlich)*	so viele

87

Der Dativ als Objekt
Der Dativ als Adverbiale: Dativus commodi
Präposition pro beim Ablativ

G

a) Tibi favēmus.	Wir sind dir gewogen / Wir begünstigen dich.
Bonīs nocet, quī malīs parcit.	Den Guten schadet, wer die Schlechten schont.
Omnēs hominēs lībertātī student.	Alle Menschen streben nach der Freiheit.

Verben, die nur durch ein Dativobjekt ergänzt werden können, nennt man **intransitiv** (vgl. G 66b).

Manche intransitiven Verben werden im Deutschen häufig durch transitive Verben wiedergegeben:

favēre nōbilitātī	dem Adel gewogen sein, den Adel begünstigen
parcere urbī	die Stadt schonen
studēre litterīs	die Wissenschaften eifrig betreiben
invidēre alterī	den Nächsten beneiden
persuādēre cīvibus	die Bürger überreden, überzeugen

Templīs parcitur.	Die Tempel werden verschont.
Eī persuāsum est.	Er wurde (ist) überzeugt.

Intransitive Verben bilden ein unpersönliches Passiv.

b) Catō omnibus ingeniō praestābat. — Cato übertraf alle an Begabung.

Der Dativ als Objekt steht bei intransitiven Komposita einiger Verben, z. B.

interesse proeliō	am Kampf teilnehmen
praeesse reī pūblicae	den Staat leiten
adesse amīcīs	den Freunden helfen
deesse amīcīs	den Freunden fehlen
prōdesse amīcīs	den Freunden nützen
resistere omnibus	allen widerstehen, sich allen widersetzen
excellere cēterīs	unter den übrigen hervorragen, sich vor den übrigen auszeichnen
subvenīre miserīs	den Unglücklichen zu Hilfe kommen

c) Cōnsulite cīvibus! — Sorgt für eure Mitbürger!
Cōnsulite senātum! — Befragt den Senat!

Einige Verben nehmen eine andere Bedeutung an, wenn die Objektstelle mit einem Dativ statt mit einem Akkusativ gefüllt ist, z. B.

	prōvidēre (prōspicere) salūtī	für das Wohl (vor)sorgen
aber:	prōvidēre rēs futūrās	die Zukunft vorhersehen
	temperāre (moderārī) īrae	seinen Zorn mäßigen
	temperāre hostibus	die Feinde schonen
aber:	temperāre rem pūblicam	den Staat ordnen, leiten

d) Nōn scholae, sed vītae discimus. — Nicht für die Schule, sondern fürs Leben lernen wir.

Homō nōn sibi sōlī nātus est. — Der Mensch ist nicht für sich allein auf der Welt.

Im **Dativ des Vorteils** *(datīvus commodī)* steht eine Person oder Sache, zu deren Nutzen oder Schaden etwas geschieht. Dieser Dativ hat die Funktion eines Adverbiales.

Das Satzmodell mit einem Dativ als Adverbiale

Vitae discimus. — Wir lernen fürs Leben.

(Subjekt) ——— Prädikat / Adverbiale *(Subst. im Dat.)*	(nos) ——— discimus / *vitae*

e) Multī prō lībertāte certāre cūnctantur. — Viele zögern, für die Freiheit zu kämpfen.

Der Ablativ mit *prō* hat die Funktion eines Adverbiales; *prō* kann daher sehr unterschiedliche Bedeutungen haben, z. B.

prō castrīs	vor dem Lager
prō cōnsule	an Stelle eines Konsuls
prō magnitūdine perīculī	entsprechend der Größe der Gefahr

f) **Chiásmus** nennt man die kreuzweise Stellung von vier aufeinander bezogenen Satzgliedern nach dem Schema a b – b a; es entsprechen sich das erste und vierte sowie das zweite und dritte Satzglied. Diese Figur ist benannt nach der Gestalt des griechischen Buchstabens X *(Chi)*:

Summus imperator in bello, idem in pace iuris peritissimus erat (L 87, 7).

summus imperator — in bello

in pace — iuris peritissimus

W

scientia, -ae	Wissen, Kenntnis
ēloquentia, -ae (loquī)	Beredsamkeit, Redegabe
prūdentia, -ae	Klugheit
cēnsor, -ōris m.	Zensor *(Zensur)*
nōbilitās, -ātis f. (nōbilis)	Berühmtheit, Adel *(Nobilität)*
urbānus, a, um (urbs)	städtisch, kultiviert; Subst.: der Städter
aptus, a, um	passend, geeignet
perītus, a, um	erfahren, kundig
inops, -opis	hilflos, arm
temperāre	1. ordnen, leiten (civitatem) 2. richtig mischen, mäßigen (irae) 3. schonen (hostibus)
persuādēre (alicui), ut …	(einen) überreden, daß …
persuādēre (alicui) *mit Aci*	(einen) überzeugen, daß …
subvenīre	zu Hilfe kommen, abhelfen *(Subvention)*
prōspicere, prōspiciō, prōspexī, prōspectum	1. vorhersehen (res futuras) 2. sorgen für (liberis) *(Prospekt)*
īnferre, ínferō, íntulī, illātum	hineintragen, beibringen (vgl. G 85 c)
inesse	darin sein
longē *Adv.*	weit(aus), bei weitem
adversus *Präp. mit Akk.*	gegenüber, gegen (feindlich oder freundlich)

Merke:

perītus iūris	erfahren in Rechtssachen, rechtskundig
alicui iniūriam īnferre	einem ein Unrecht zufügen
temperāre ab iniūriā	sich eines Unrechts enthalten

88 Der Dativ als Prädikatsnomen und als Adverbiale: Dativus finalis

G a) Virīs bonīs salūs pūblica magnae cūrae est. — Aufrechten Männern liegt das Wohl des Staates sehr am Herzen / Aufrechte Männer sind auf … sehr bedacht.

curae esse bedacht sein auf
cordi esse am Herzen liegen

Ōdī Rōmānōs odiōque sum Rōmānīs. — Ich hasse die Römer und werde von ihnen gehaßt (sagt Hannibal).

Der **Dativ des Zweckes** *(datīvus fīnālis)* gibt den Zweck oder die Auswirkung eines Vorgangs an.
Er wird in Verbindung mit *esse* als Prädikatsnomen aufgefaßt. Gewöhnlich ist er mit einem weiteren Dativ der Person verbunden (Dativ als Objekt), z. B.

alicui { honōrī / dētrīmentō / ūsuī } esse	einem { Ehre einbringen / zum Schaden gereichen, Schaden bringen / von Nutzen sein, Nutzen bringen }
alicui odiō esse	von einem gehaßt werden

Das Satzmodell mit einem Dativ des Zweckes als Prädikatsnomen .

Praeteritōrum memoria nōbīs ūsuī est. — Die Beschäftigung mit der Vergangenheit bringt Nutzen.

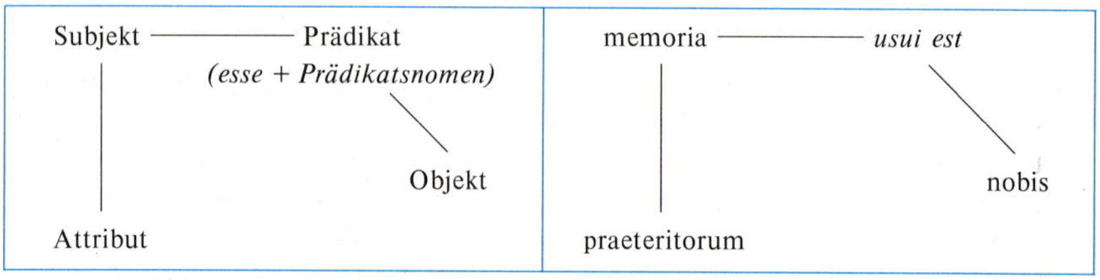

b) Imperātor cōpiās castrīs praesidiō relīquit. — Der Feldherr ließ Truppen zum Schutz des Lagers zurück

In Verbindung mit Verben wie *dare, tribuere, mittere, venīre* hat der Dativ des Zweckes die Funktion eines Adverbiales, z. B.

alicui aliquid vitiō dare (vertere)	einem etwas als Fehler anrechnen
alicui aliquid crīminī dare	einem etwas zum Vorwurf machen
alicui auxiliō venīre	einem zu Hilfe kommen

Das Satzmodell mit einem Dativ des Zweckes als Adverbiale

Quaestor mīlitibus auxiliō vēnit. — Der Quästor kam den Soldaten zu Hilfe.

Subjekt ——— Prädikat ╱ ╲ Adverbiale Objekt *(Subst. im Dat.)*	quaestor ——— venit ╱ ╲ *auxilio* militibus

W

vitium, -ī	Fehler, Laster, Verstoß	parcus, a, um (parcere)	sparsam, schonend
dētrīmentum, -ī (terere)	Verlust, Schaden (eigtl. der ‚Abrieb')	inānis, -e	leer, nichtig, eitel
quaestor, -ōris m. (quaerere)	Finanzbeamter, Quästor	exīstimāre	schätzen, beurteilen, meinen
sumptus, -ūs (sūmere)	Aufwand, die Kosten	équidem *Adv.*	allerdings, in der Tat, freilich

89

Pronomina für ‚Zweiheiten'
Pronominaladjektive
Der Dativ als Prädikatsnomen: Dativus possessivus

G

a) Hannibal ad Cannās exercitūs utriusque cōnsulis vīcit.	Hannibal besiegte bei Cannä die Heere beider Konsuln.
Uter cōnsul in pūgnā cecidit?	Welcher Konsul (von beiden) fiel in der Schlacht?
Néuter cōnsul victōriam adeptus est.	Keiner der beiden Konsuln hat den Sieg errungen.

Im Lateinischen gibt es eigene **Pronomina für ‚Zweiheiten'**, nämlich

uter, -tra, -trum	wer? welcher? (von zweien)
utérque, útraque, utrúmque	jeder (von zweien), beide
néuter, -tra, -trum[1]	keiner (von zweien)
alter, -era, -erum	der eine (von zweien), der andere

Sie werden wie *aeger, aegra, aegrum* bzw. *miser, -era, -erum* dekliniert, der Genitiv endet aber auf **-īus,** der Dativ auf **-ī**, also

utrīus	utrīusque	neutrīus	alterīus
utrī	utrīque	neutrī	alterī

1) Da das Wort aus *ne* und *uter* zusammengesetzt ist, sollte es dreisilbig gesprochen werden.

b) Ūnus homō rem pūblicam servāvit. Ein einziger Mann hat den Staat gerettet.

Wie die Pronomina der ‚Zweiheit' haben auch **Pronominaladjektive** im Gen. Sing. die Endung *-īus* und im Dat. Sing. die Endung *-ī*:

Nom. Sing.		Gen. Sing.	Dat. Sing.
ūnus, a, um	ein (einziger)	ūnīus	ūnī
sōlus, a, um	allein	sōlīus	sōlī
tōtus, a, um	ganz	tōtīus	tōtī
nūllus, a, um	kein(er)	nūllīus	nūllī
ūllus, a, um[1]	irgendein(er)	ūllīus	ūllī
alius, a, ud	ein anderer	alterīus	aliī

c) Hominī doctō multī librī sunt. Ein Gelehrter besitzt viele Bücher.

Der **Dativ der Zugehörigkeit** *(datīvus possessīvus)* bezeichnet den Besitzer einer Sache. Er steht bei *esse* und wird als Prädikatsnomen aufgefaßt.

d) Die Wiederkehr derselben Wortstellung nennt man **Parallelismus**:

Aliud est	populum	benignitate	conciliare,	
|	|	|	|	
aliud	mentes hominum	magnificentia verborum	commovere	(L 89,17 f.)

W

modestia, -ae (modus)	Mäßigung, Anstand	suāvis, -e	süß, gefällig, angenehm
magnitūdō, -inis f. (magnus)	Größe, Bedeutung	līberālis, -e	1. vornehm 2. freigebig *(liberal)*
magnificus, a, um	großartig, prächtig	līberālitās, -ātis f.	1. edle Gesinnung 2. Freigebigkeit
pūrus, a, um	rein, klar	cōnsistere, cōnsistō, cōnstitī	sich hinstellen, stehen bleiben, bestehen aus (in)
cōmis, -e	freundlich, nett		

1) *ūllus, a, um* steht nur in Sätzen, die sinngemäß eine Verneinung enthalten.

90

Indefinitpronomina
Verallgemeinernde Relativpronomina

G a) Suum cuique! — Jedem das Seine!
Optimus quisque adest. — Gerade die Besten sind da.
Ūnumquidque laudō. — Ich lobe jede Einzelheit.
Ūnumquodque dōnum laudō. — Ich lobe jedes einzelne Geschenk.

Das Pronomen *quisque* ‚jeder' lehnt sich gewöhnlich an ein stützendes Wort an, z. B. an *ūnus*, an Superlative, an reflexive und relative Pronomina.

Es kann substantivisch und adjektivisch verwendet werden:

Numerus Kasus	substantivisch		adjektivisch		
Sg. Nom.	quisque	quidque	quisque	quaeque	quodque
Gen.	cuiusque			cuiusque	
Dat.	cuique			cuique	
Akk.	quemque	quidque	quemque	quamque	quodque
Abl.	quōque		quōque	quāque	quōque

b) Cuiusvīs hominis est errāre. — Im Wesen eines jeden Menschen liegt es, sich zu irren.

quīvīs (und *quīlibet*) ‚jeder beliebige' werden gleichfalls substantivisch und adjektivisch verwendet. Sie werden wie das Relativpronomen *qui, quae, quod* dekliniert:

Numerus Kasus	substantivisch			adjektivisch		
Sg. Nom.	quīvīs	quaevīs	quidvīs	quīvīs	quaevīs	quodvīs
	quīlibet	quaelibet	quidlibet	quīlibet	quaelibet	quodlibet

c) Quīcumque (quisquis) ubīque habitat, nusquam habitat. — Wer (jeder, der) überall wohnt, wohnt nirgends.

Das verallgemeinernde Relativpronomen

quīcumque, quaecumque, quodcumque — wer auch immer, jeder der; was auch immer, alles was

wird im Singular adjektivisch, im Plural meist substantivisch gebraucht. Es ist zusammengesetzt aus dem Relativpronomen *qui, quae, quod* und dem verallgemeinernden Suffix *-cumque.*
Verallgemeinernde Bedeutung haben auch die beiden substantivisch gebrauchten Formen *quisquis* (jeder, der) und *quidquid* (alles, was).

d) Das Nebeneinander gleichwertiger Satzglieder (oder ganzer Sätze) ohne formale Verknüpfung durch Pronomina oder Konjunktionen nennt man **Asýndeton** (von griech. *asýndetos* unverbunden):

Ei vetus nobilitas, maiorum fortia facta, cognatorum opes praesidio adsunt (L 90, 10 f.).

Illis autem maiores omnia reliquerunt: divitias, imagines, gloriam (L 90, 13 f.).

Die Stilfigur des Asyndetons wirkt durch ihre Kürze.

Asyndetisch werden immer nebeneinandergestellt: *patres conscripti* (vgl. W_1 84) und Zeitangaben wie *Cn. Pompeio M. Crasso consulibus* (vgl. Ü 79 b).

W

cōnstantia, -ae (cōnstāns)	Beständigkeit, Ausdauer, Charakterfestigkeit	modicus, a, um (modus)	mäßig, besonnen, anspruchslos
patientia, -ae (patī)	Ausdauer, Geduld	īnfirmus, a, um	schwach, unzuverlässig, krank
cognātus, a, um	(bluts)verwandt	simul *Adv.*	gleichzeitig, zugleich
		nusquam *Adv.*	nirgends

91 Der Genitiv als Attribut und als Prädikatsnomen: Genitivus possessivus, Genitivus qualitatis. Der Genitiv als Prädikatsnomen und als Adverbiale: Genitivus pretii

G

a) Multae bēstiae hominem superant vīribus corporis. — Viele Tiere übertreffen den Menschen durch die Kräfte ihres Körpers (an Körperkraft).

Der **Genitiv der Zugehörigkeit** *(genitīvus possessīvus)* bezeichnet den Besitzer oder die Zugehörigkeit einer Person oder Sache zu einer anderen. Er hat die Funktion eines Attributs, z. B.

mōs maiōrum	Sitte der Vorfahren
lēx nātūrae	ein Gesetz der Natur, Naturgesetz
magnitūdō animī	Seelengröße, seelische Größe

b) Reddite, quae sunt Caesaris, Caesarī; et quae sunt Deī, Deō! — Gebt dem Kaiser, was des Kaisers ist, und Gott, was Gottes ist!

Iūdicis est in causīs semper vērum sequī. — Es ist Pflicht des Richters, in Rechtssachen stets der Wahrheit zu folgen.

Der Genitiv der Zugehörigkeit bei *esse* und *fierī* wird als Prädikatsnomen aufgefaßt, z. B.

esse alicuius	Eigentum jemands sein, jemandem gehören
fierī alicuius	jemands Eigentum werden
est alicuius	es ist jemands Sache, Aufgabe, Pflicht, Eigenschaft, Wesenszug; es ist ein Zeichen, ein Beweis von; es beweist

c) Cicerō erat vir magnī ingeniī. — Cicero war ein Mann von großer Begabung (ein hochbegabter Mann).

Der **Genitiv der Beschaffenheit** *(genitīvus quālitātis)* bezeichnet eine Beschaffenheit oder Eigenschaft des übergeordneten Substantivs. Er hat die Funktion eines Attributs, z. B.

Hilfsübersetzung mit von.

hominēs omnis aetātis	Menschen jeder Altersstufe
eius modī rēs	derartige Dinge
exilium decem annōrum	eine zehnjährige Verbannung

d) Classis trecentārum nāvium est. — Die Flotte besteht aus 300 Schiffen.

Der Genitiv der Beschaffenheit bei *esse* ist Prädikatsnomen.

e) Hic liber magnus est, ille liber magnī est. — Dieses Buch ist groß, jenes Buch ist viel wert.

Der **Genitiv des Wertes** *(genitīvus pretiī)* bezeichnet als Prädikatsnomen den Wert einer Person oder Sache, z. B.

magnī, plūris, plūrimī	esse	viel *usw.*	wert sein, gelten
parvī, minōris, minimī		wenig *usw.*	
tantī – quantī		soviel – wie	

Das Satzmodell mit einem Genitiv des Wertes als Prädikatsnomen

Hic liber magnī est. — Dieses Buch ist viel wert.

Subjekt —— Prädikat *(esse + Prädikatsnomen)*	liber —— *magni est*
|	|
Attribut	hic

f) Hunc librum magnī aestimō. — Dieses Buch schätze ich hoch.

Der Genitiv des Wertes kann auch die Funktion eines Adverbiales haben, z. B.

magnī, plūris, plūrimī	aestimāre	hoch *usw.*	(ein)schätzen
parvī, minōris, minimī	facere	gering *usw.*	
tantī – quantī	dūcere	so hoch – wie	

Das Satzmodell mit einem Genitiv des Wertes als Adverbiale

Illum librum magnī aestimō. — Jenes Buch schätze ich hoch.

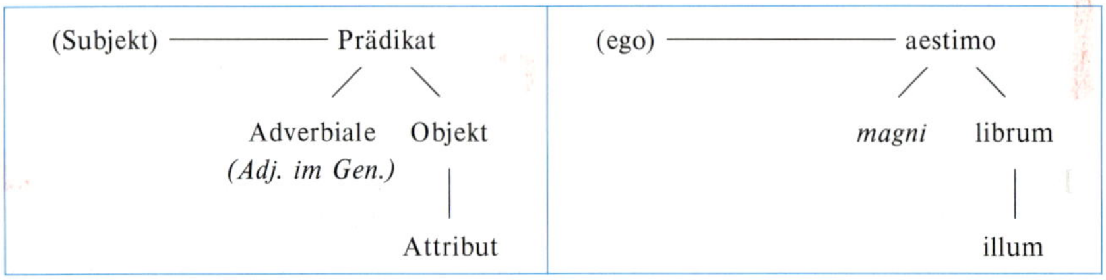

W

indūtiae, -ārum	Waffenstillstand, Waffenruhe	dispergere, dispergō, dispersī, dispersum (spargere)	zerstreuen *(Dispersion)*
pretium, -ī	Preis, Wert	adicere, adiciō, adiēcī, adiectum (iacere)	hinzufügen *(Adjektiv)*
caedēs, -is f. (caedere)	Mord, Gemetzel	immō *Adv.*	1. ja sogar 2. vielmehr, im Gegenteil
quiētus, a, um (quiēs)	ruhig, friedlich	quasi *Kj.*	1. wie wenn, als ob 2. gleichsam
aestimāre	einschätzen, beurteilen	partim *Adv.*	zum Teil, teils
prōscrībere, prōscrībō, prōscrīpsī, prōscrīptum	öffentlich bekanntgeben, ächten		
prōscrīptiō, -ōnis f.	Ächtung, Einziehung des Besitzes *(Proskription)*		

Merke:

aliquid potestātis suae facere — etwas in seine Gewalt bringen
vērī similis, -e — wahrscheinlich

92

Der Genitiv als Attribut:
Genitivus subiectivus
Genitivus obiectivus

G a) Ōrātiōnēs Cicerōnis nōtissimae sunt. — Die Reden Ciceros sind sehr bekannt.

Im Genitiv (hier: *Cicerōnis*) steht der Urheber oder Träger der Handlung oder Empfindung, die im übergeordneten Substantiv (hier: *ōrātiōnēs*) ausgedrückt wird (gemeint ist: *Cicerō ōrātiōnēs habuit*).
Da dieser Genitiv das Subjekt der gedachten Verbalhandlung ausdrückt, heißt er **Genitivus subiectivus**. Er hat die Funktion eines Attributs.

b) Reus timōre poenae coāctus tacet. — Der Angeklagte schweigt aus Furcht vor der Strafe.

Im Genitiv (hier: *poenae*) steht das Objekt der Handlung oder Empfindung, die im übergeordneten Substantiv (hier: *timōre*) ausgedrückt wird (gemeint ist: *reus poenam timet*).
Dieser Genitiv wird **Genitivus obiectivus** genannt. Er hat ebenfalls die Funktion eines Attributs.

Ob es sich um einen Genitivus subiectivus oder um einen Genitivus obiectivus handelt, kann man nur aus dem Zusammenhang des Textes erkennen.

W

cōnsuētūdō, -inis f. (cōnsuēscere)	1. Gewohnheit, Sitte 2. Umgang (mit jemand)
cognitiō, -ōnis f. (cognōscere)	Erkenntnis, Bekanntschaft
ímprobus, a, um	schlecht, böse, verbrecherisch
contrārius, a, um (contrā)	entgegengesetzt, feindlich
commūnicāre (commūnis)	1. gemeinsam machen 2. (miteinander) teilen 3. mitteilen *(Kommunikation)*
versāre	hin- und herwenden
colligere, cólligō, collēgī, collectum (legere)	sammeln *(Kollekte)*

amor matris

1) Gen. sub.: Mater amat (Mutter liebt)

2) Gen. obj.: Mater amatur (Mutter wird geliebt)

Populorum spes pacis magna est.

Die Hoffnung der Völker auf Frieden ist groß.

Gen. sub.: → populi sperant Gen. obj.: pacem sperant

93 Der Genitiv als Attribut: Genitivus partitivus

G

Magnus numerus domōrum incendiō dēlētus est.	Eine große Anzahl Häuser ist durch den Brand zerstört worden.
Nihil auxiliī habēmus.	Wir haben keine(rlei) Hilfe.
Suēbōrum gēns erat longē māxima Germānōrum omnium.	Der Stamm der Sueben war bei weitem der größte aller Germanen.
In Catilīnā fuit satis ēloquentiae, sapientiae parum.	Catilina besaß genügend Redegabe, aber zu wenig Weisheit.

Der **Genitiv des geteilten Ganzen** *(genitīvus partitīvus)* bezeichnet ein Ganzes, von dem das übergeordnete Wort einen Teil angibt. Er hat im Satz die Funktion eines Attributs und steht besonders bei Mengenangaben (Substantiven, Adjektiven, Adverbien und Pronomina), bei Komparativen und Superlativen, z. B.

magna vīs aurī	eine große Menge Gold(es)
decem mīlia hominum	zehntausend Menschen
multum, plūs, plūrimum operae	viel, mehr, die meiste Mühe
paulum, minus, minimum temporis	wenig, weniger, die geringste Zeit
nihil praesidiī	kein Schutz
maior frātrum	der ältere der Brüder, der ältere Bruder
nēmō nostrum	niemand von uns
quid cōnsiliī?	welcher Entschluß?

W

pōma, -ōrum	Früchte, Obst
factiō, -ōnis f.	Partei
obses, -idis m./f.	Geisel, Bürge
prīncipātus, -ūs (prīnceps)	führende Stellung, Vorrang, Vorherrschaft *(Prinzipat)*
equitātus, -ūs (equus; eques)	Reiterei
superstes, -stitis	überlebend
clēmēns, -entis	gütig, sanft, mild
circiter *Adv.*	ungefähr
aliquantum	ziemlich viel, beträchtlich
parum	zu wenig

Semideponens (vgl. G 75 a):

(cōn)fīdere	(cōn)fīdō	(cōn)fīsus sum	vertrauen, trauen

94 Der Genitiv als Adverbiale bei Verben der Gerichtssprache

G

Sōcratēs im-pietātis accūsātus est.	Sokrates wurde wegen Gottlosigkeit angeklagt.
Sōcratēs quamquam nullīus culpae convincī potuit, capitis damnātus est.	Obwohl Sokrates keine Schuld nachgewiesen werden konnte, wurde er zum Tode verurteilt.

Bei den **Verben der Gerichtssprache** hat der Genitiv die Funktion eines Adverbiales.

Verben der Gerichtssprache geben mit dem Adverbiale eine schuldhafte Handlung an, z. B.

aliquem caedis accūsāre	einen wegen Mordes anklagen
aliquem māiestātis arcessere, reum facere	einen wegen Majestätsverletzung vor Gericht fordern, gerichtlich belangen
aliquem sceleris convincere	einen eines Verbrechens überführen, einem ein Verbrechen nachweisen
aliquem iniūriārum damnāre, condemnāre	einen wegen Beleidigungen verurteilen
aliquem crīminis absolvere	einen von einem Verbrechen freisprechen

Ein Adverbiale im Genitiv oder Ablativ gibt die Strafe an, z. B.

aliquem capitis damnāre	einen zum Tod verurteilen
aliquem capitis (capite) absolvere	einen von der Anklage auf Leben und Tod freisprechen
aliquem pecūniā, exiliō, morte multāre	einen mit einer Geldbuße, der Verbannung, dem Tod bestrafen

Das Satzmodell mit einem Genitiv als Adverbiale

Sōcratēs im-pietātis accūsātus est.	Sokrates wurde wegen Gottlosigkeit angeklagt.

Subjekt ——— Prädikat / Adverbiale *(Subst. im Gen.)*	Socrates ——— accusatus est / *impietatis*

W

culpa, -ae	Schuld	condemnāre (damnāre)	verurteilen
testāmentum, -ī	letztwillige Verfügung, Testament	sīgnāre (sīgnum)	bezeichnen; versiegeln *(signieren)*
error, -ōris m. (errāre)	Irrtum	convincere, convincō, convīcī, convictum	(gerichtlich) überführen, widerlegen
māiestās, -ātis f. (māior)	Größe, Erhabenheit, Hoheit *(Majestät)*	īgnōscere, īgnōscō, īgnōvī, īgnōtum	verzeihen
fraus, fraudis f.	Betrug, Täuschung	ultrā *Adv.*	darüber hinaus
assiduus, a, um (sedēre)	beständig, fleißig		
lēnis, -e (lēnīre)	mild, sanft, ruhig		
cubāre, cubō, cubuī	liegen		

95

Der Genitiv als Objekt
Der Genitiv als Adverbiale bei unpersönlichen Verben der Empfindung
Der Genitiv als Prädikatsnomen bei interest

G

a) Animus meminit praeteritōrum (praeterita), praesentia cernit, futūra prōvidet. — Der Geist erinnert sich an Vergangenes, er sieht die Gegenwart und plant Künftiges voraus.

In-grātī animī est beneficiōrum acceptōrum (beneficia accepta) oblīvīscī. — Es ist ein Zeichen von Undankbarkeit, empfangene Wohltaten zu vergessen.

Hoc oblītus sum. — Das habe ich vergessen.

Bei den Verben

meminisse sich erinnern *oblīvīscī* vergessen

steht der Genitiv als Objekt. Sachobjekte können auch im Akkusativ stehen. Neutra von Pronomina stehen immer im Akkusativ.

b) Suae quemque fortūnae paenitet. — Jeder ist mit seinem Schicksal unzufrieden.

Iniūriae tē paeniteat! — Bereue dein Unrecht!

Bei **unpersönlichen Verben der Empfindung** hat der Genitiv die Funktion eines Adverbiales und gibt den Grund der Empfindung an. Die Person, die von der Empfindung betroffen ist, steht als Objekt im Akkusativ:

mē paenitet alicuius reī — mich befriedigt etwas nicht, mich reut etwas, ich bereue etwas

mē pudet alicuius reī — mich beschämt etwas, ich schäme mich wegen etwas

meminisse | lat.: Perfekt, deutsch: Präsens
oblivisci | lat.: Passiv, deutsch: Aktiv

Das Satzmodell mit einem Genitiv bzw. einem Gliedsatz als Adverbiale.

Paenitet mē dēlictī. — Ich bereue mein Vergehen.

Prädikat / \\ Adverbiale (*Subst. im Gen.*) — Objekt	paenitet / \\ *delicti* — me

Paenitet mē, quod hoc fēcī. — Ich empfinde Reue, weil ich dies getan habe.

Prädikat / \\ Adverbiale (*Gliedsatz*) — Objekt	paenitet / \\ *quod hoc feci* — me

c) Hoc mē paenitet. — Dies reut mich.
Id vōs pudeat! — Schämt euch deswegen!

Wird bei unpersönlichen Verben der Empfindung der Grund der Empfindung durch ein Pronomen im Neutrum angegeben, so übernimmt dieses die Funktion des Subjekts.

d) Interest omnium rēctē facere. — Es liegt allen daran, richtig zu handeln.
Magnī interest, quōs quisque audiat cottīdiē. — Es ist sehr wichtig, welche Leute sich jeder täglich anhört.
Quid tuā māximē interest (rēfert)? — Woran liegt dir am meisten?

1. **Bei interest** — es liegt daran, es ist wichtig, es liegt im Interesse

   werden als Prädikatsnomen aufgefaßt
   - Personen im Genitiv
   - Possessivpronomina im Ablativ Singular des Femininums

   patris, eius, omnium nostrum interest — für den Vater, für ihn, für uns alle ist es wichtig
   meā, tuā, nostrā, vestrā interest (rēfert) — für mich, dich usw. ist es wichtig

   Bei *rēfert*, das mit *interest* bedeutungsgleich ist, steht gewöhnlich nur das Possessivpronomen im Ablativ Singular des Femininums.

2. Die Sache, die für jemand von Wichtigkeit ist, bildet das Subjekt dieser Konstruktion.

   Die Subjektstelle kann gefüllt werden
   - durch einen Infinitiv (Aci), z. B. *rēctē facere*
   - durch einen abhängigen Fragesatz, z. B. *quōs quisque audiat cottīdiē*
   - durch ein Pronomen im Neutrum, z. B. *quid?*

3. Angaben über den Grad der Wichtigkeit haben die Funktion eines Adverbiales, z. B.

adverbiale Akkusative:	multum, nihil, tantum, quid?
Adverbien:	magnopere, magis, māximē, minimē
Genitive des Wertes:	magnī, parvī, tantī, quantī

Das Satzmodell für *interest*

Quid tuā / patris māximē interest? — Woran liegt dir / dem Vater am meisten?

Subjekt —— Prädikat *(Pron. im Neutr.)* *(Poss. pron. im Abl./ Subst. im Gen. als Prädikatsnomen)* / Adverbiale *(Adverb)*	*quid* —— *tua / patris* interest / *maxime*

Magnī interest, quōs quisque audiat cottīdiē. — Es ist sehr wichtig, welche Leute sich jeder täglich anhört.

Subjekt —— Prädikat *(abhäng. Fragesatz)* / Adverbiale *(Adj. im Gen.)*	*quos quisque audiat cottidie* —— interest / *magni*

W

dēlictum, -ī	Vergehen *(Delikt)*	dēstituere, dēstituō, dēstituī, dēstitūtum	zurücklassen, im Stich lassen
prōlēs, -is f.	Sprößling, Nachkommenschaft *(Proletarier)*	trānsferre, trānsferō, trānstulī, trānslātum	hinüberbringen, übertragen *(Transfer)* (vgl. G 85 c)
nepōs, -ōtis m.	Enkel	rēfert, rētulit, rēferre	es liegt daran, es ist wichtig
mēnsis, -is m.	Monat	paenitet, paenituit, paenitēre	es befriedigt nicht, es reut
dēdecus, -oris n. (dē-decet)	Schande, Schandtat	pudet, puduit, pudēre	es beschämt
continēns, -entis (sc. terra) f. (continēre)	Festland *(Kontinent)*	cottīdiē *Adv.*	täglich
sordidus, a, um	schmutzig, schäbig, gemein		
ambō, -ae, -ō	beide (zusammen) *(ambi-valent)*		
adoptāre (optāre)	(als Kind) annehmen *(adoptieren)*		

96 Genitiv und Dativ bei Adjektiven

G a) Homō ratiōnis particeps est. — Der Mensch ist im Besitz der Vernunft.

Ein Genitiv steht bei Adjektiven mit der Bedeutung ‚begierig, kundig, eingedenk, teilhaftig, mächtig, voll‘ (und deren Gegenteil), z. B.

cōnscius iniūriae	Mitwisser eines Unrechts
potēns suī	seiner mächtig, Herr über sich selbst
plēnus perīculōrum	voller Gefahren
memor beneficiī	einer Wohltat eingedenk
cupidus rērum novārum	begierig auf Veränderung der Verhältnisse

b) Nātūra hominis societātis appetēns est. — Die Natur des Menschen strebt nach Gemeinschaft.

Ein Genitiv steht oft auch beim Part. Präs. einiger transitiver Verben, z. B.

amāns patriae	vaterlandsliebend
appetēns glōriae	begierig auf Ruhm, ruhmbegierig
metuēns deōrum	die Götter fürchtend
patiēns labōrum	fähig, Mühen zu ertragen

c) Hic vir mihi nōtus est. — Dieser Mann ist mir bekannt.
Multa cīvibus inter sē commūnia sunt, amīcōrum commūnia sunt omnia. — Bürger haben viele Dinge miteinander gemeinsam, Freunde haben alles gemeinsam.

- Viele Adjektive werden mit dem Dativ verbunden, z. B.
  nōtus, fīdus, invīsus, cārus, iūcundus, grātus, amīcus, inimīcus, propinquus, contrārius, opportūnus, ūtilis, aptus, idōneus, necessārius.
- Einige Adjektive werden mit Dativ oder Genitiv verbunden, z. B.

commūnis	alicui	einem gemeinsam
pār	*oder*	einem gleich, gewachsen
similis (dissimilis)	alicuius	einem ähnlich (unähnlich)

- Nur mit dem Genitiv verbunden werden

proprius	eigentümlich, wesenhaft
sacer	heilig, geweiht

W

commodum, -ī	Vorteil
ūtilitās, -ātis f. (ūtilis)	Nutzen, Vorteil
hūmānitās, -ātis f. (hūmānus)	1. Menschlichkeit 2. Bildung *(Humanität)*
honestās, -ātis f. (honestus)	1. Ansehen 2. Ehrbarkeit, Wohlverhalten
populārēs, -ium m. (populus)	1. Landsleute 2. die Volkspartei *(populär)*

→

optimātēs, -ium m. (optimus)	die Aristokraten, die aristokratische Partei	īgnārus, a, um	unkundig, ohne Kenntnis
āēr, āeris m. (*Akk.* āera)	Luft, Nebel	cōnscius, a, um (scīre)	mitwissend, bewußt
societās, -ātis f.	Gemeinschaft, Bündnis	particeps, -cipis	teilhaftig, beteiligt an
proprius, a, um	eigen(tümlich), wesenhaft	expers, -pertis (pars)	ohne Anteil, frei von
studiōsus, a, um (studium)	eifrig, bemüht, interessiert	appetere áppetō appetīvī appetītum	begehren, herankommen *(Appetit)*
cupidus, a, um	begierig, verlangend		

Merke:

ex quō ēvenit, ut … — daher kommt es, daß …

97 Der Ablativ als Objekt oder als Adverbiale: Ablativus separativus

G a) Non egent iī, quī sānī sunt, medicō. — Die, die gesund sind, brauchen den Arzt nicht.

Damnātī omnī honōre prīvantur. — Verurteilte werden von jeder Ehrenstellung ausgeschlossen.

Bei Verben mit der Bedeutung ‚wegnehmen und entbehren' steht der **Ablativ der Trennung** *(ablātīvus sēparātīvus)*. Man kann seine Funktion entweder als Objekt oder als Adverbiale auffassen, z. B. bei

spoliāre armīs	der Waffen berauben, die Waffen wegnehmen
carēre cōnsuētūdine amīcōrum	den Umgang mit Freunden entbehren, keinen Umgang … haben

b) Vacāre culpā (vacuum esse ā culpā) magnum est sōlācium. — Von Schuld frei zu sein ist ein großer Trost.

Bei Ausdrücken mit der Bedeutung ‚befreien und fernhalten' steht der Ablativ auch mit einer Präposition *(ab, dē, ex)*. Seine Funktion kann überwiegend als die eines Adverbiales aufgefaßt werden, z. B. bei

līberāre metū	befreien von Furcht, furchtlos
līber (ā) cūrīs	frei von Sorgen, sorglos
movēre senātū	aus dem Senat entfernen, ausstoßen
arcēre, prohibēre (ab) iniūriā	von einem Unrecht abhalten
(se) abstinēre (ab) iniūriā	sich eines Unrechts enthalten

c) Difficile est vēra ā falsīs distinguere (discernere).	Es ist schwer, das Wahre vom Falschen zu unterscheiden.

Bei einigen Verben, überwiegend Komposita mit *dis-* und *sē-*, ist die Funktion des Ablativs mit der Präposition *ā* eindeutig die eines Adverbiales, z. B. bei

(verschieden) differre ā bēstiīs	sich unterscheiden von den Tieren
dissentīre ā reliquīs	abweichen von den übrigen, anderer Meinung sein als die übrigen
sēparāre ab aliīs	trennen, absondern von den anderen
dēfendere ab hostibus	verteidigen gegen die Feinde
tuērī, tūtus ā latrōnibus	schützen, geschützt vor Räubern

d) Mercurius Iove et Māiā nātus est.	Merkur stammt von Jupiter und Maia ab.
M. Catō mūnicipiō Tusculō ortus est.	M. Cato stammt aus der Landstadt Tusculum.

Die Funktion eines Adverbiales hat der Ablativ bei nātus und ortus; er gibt die Herkunft oder Abstammung einer Person an, z. B.

nōbilī genere nātus	aus vornehmer Familie stammend
equestrī locō ortus	aus dem Ritterstand stammend

W

adulēscentia, -ae (adulēscēns)	Jugend(zeit)
pūblicum, -ī	Öffentlichkeit *(Publikum)*
sōlācium, -ī (sōlārī)	Trost
fulmen, -inis n.	Blitz(schlag)
īnsīgne, -is n.	Abzeichen, Kennzeichen *(Insignien)*
nefās n. *(unveränderlich)*	Unrecht, Frevel
līmes, -itis m.	1. Rain, Grenze, Grenzwall 2. Weg *(limitieren)*
vestītus, -ūs (vestis)	Kleidung
nocturnus, a, um (nox)	nächtlich
nimius, a, um	zu groß, zu viel, übermäßig
sānus, a, um (sānāre)	gesund *(Sanitäter)*
mulíebris, -e (mulier)	weiblich, weibisch
vacāre (vacuus)	leer sein, frei sein *(vakant)*
sēparāre	absondern, trennen *(separat)*
prīvāre (prīvātus)	berauben, wegnehmen *(privat)*
spoliāre	berauben, ausplündern
excēdere, excēdō, excessī	herausgehen, hinausgehen *(Exzeß)*
discernere, discernō, discrēvī, discrētum	scheiden, unterscheiden *(diskret)*

Merke:

in pūblicum prōcēdere	in die Öffentlichkeit gehen, öffentlich auftreten
excēdere (ē) vītā	aus dem Leben scheiden
vīgintī annōs nātus	zwanzig Jahre alt

98 Der Ablativ als Adverbiale: Ablativus comparationis

G a) Nihil tam bonum est quam ratiō. — Nichts ist so vortrefflich wie die Vernunft.

Nihil melius est quam ratiō.
Nihil melius est ratiōne. — Nichts ist vortrefflicher als die Vernunft.

Vergleiche im Positiv werden durch korrespondierende Konjunktionen *(tam – quam)* ausgedrückt. An die Stelle des ersten Vergleichsgliedes mit *tam* kann ein Komparativ treten. Das zweite Vergleichsglied mit *quam* kann durch den **Ablativ des Vergleichs** *(ablātīvus comparātiōnis)* ersetzt werden (vgl. G 80c). Dieser ist ein Ablativus separativus und gibt den Ausgangspunkt der Betrachtung oder Beurteilung an: *ratiōne* ‚von der Vernunft aus beurteilt'. Der Ablativ des Vergleichs hat somit die Funktion eines Adverbiales. Er steht gleichwertig für die Verbindung *quam* + Nom. und *quam* + Akk.

b) Sōcratem sequāmur, quō nēmō fuit sapientior! — Wir wollen Sokrates folgen, dem größten Weisen, den es gegeben hat (wörtl.: …, von dem aus beurteilt niemand weiser gewesen ist)!

Wenn das Vergleichsglied durch ein Relativpronomen ausgedrückt wird, ist im Deutschen die Übersetzung mit einem Superlativ am treffendsten.

c) Sōcratēs sapientior fuit. — Sokrates war weiser (als allgemein üblich). … war ziemlich weise.

Wenn das Vergleichsglied nicht genannt ist, kann es aus dem Kontext ergänzt werden oder muß als allgemeines Vergleichsglied dazugedacht werden. Zur Übersetzung eines solchen Komparativs vgl. G 80d.

W

scēna, -ae (*und* scaena)	Bühne, Szene
prōverbium, -ī	Sprichwort
meritum, -ī (merērī)	das Verdienst *(Meriten)*
exspectātiō, -ōnis f. (exspectāre)	Erwartung
familiāris, -is m./f. (familia)	Vertraute(r), Freund(in)
solitus, a, um (solēre)	gewohnt, gebräuchlich
candidus, a, um	strahlend, weiß *(Kandidat)*
illūstris, -e (lūx)	1. hell, klar 2. bekannt, vornehm
complūrēs, -ium (plūs)	mehrere
occultāre	verbergen
immolāre	opfern
canere, canō, cécinī (cantāre)	1. singen 2. (ein Instrument) spielen, blasen
bibere, bibō, bibī	trinken
dēsistere, dēsistō, dēstitī	Abstand nehmen, aufhören

concutere, concutiō, concussī, concussum (quatere)	erschüttern	cōram *Präp. mit Abl.*	in Gegenwart (von Personen)
		amplius *Adv.*	weiter, mehr

Merke:

prōdīre (in scaenam)	auftreten (auf der Bühne, im Theater)
plūs aequō	mehr als billig
opīniōne (spē) celerius	unerwartet schnell
plūs, amplius (quam) duo mīlia plūs, amplius duōbus mīlibus	mehr als 2000

99 Der Ablativ als Adverbiale: Ablativus instrumentalis, Ablativus pretii, Ablativus modi

G a) Omnis dolor lēnītur tempore. — Jeder Schmerz wird durch die Zeit gelindert.

Der **Ablativ des Mittels oder Werkzeugs** *(ablātīvus īnstrūmentālis)* hat die Funktion eines Adverbiales.

b) Fide et pietāte cīvium salūs reī pūblicae nītitur. — Auf Treue und Pflichtgefühl der Bürger beruht das Wohl des Staates.

Manche lateinischen Ausdrücke werden im Deutschen nicht instrumental, sondern durch ein anderes Adverbiale wiedergegeben, z. B.

memoriā tenēre	im Gedächtnis behalten
viā Appiā proficīscī	auf der Via Appia reisen
proeliō lacessere	zum Kampf herausfordern
pūgnā vincere	im Kampf siegen, einen Kampf gewinnen
currū vehī	(im Wagen) fahren

c) Sicilia ōlim frūmentō abundāvit. — Sizilien hatte einst Überfluß an Getreide.
Catilīnāriī suppliciō affectī sunt. — Die Anhänger Catilinas wurden hingerichtet.

Bei Verben mit der Bedeutung ‚erfüllen, ausstatten mit' steht ebenfalls der Ablativus instrumentalis, z. B.

complēre	anfüllen	afficere	(versehen mit)
ōrnāre īnstruere	ausstatten, ausrüsten	afficere gaudiō	erfreuen
		afficere honōribus	ehren

d) Nātūra parvō contenta est. — Eine natürliche Lebensweise ist mit wenigem zufrieden.

Der Ablativus instrumentalis steht ferner bei verschiedenen Adjektiven des Wortfeldes ‚erfüllt, ausgestattet', z. B.

praeditus	ausgestattet, begabt mit
refertus, cōnfertus	voll(gestopft) mit
dīgnus, in-dīgnus	würdig (eigtl. ‚geschmückt mit'), unwürdig
contentus	zufrieden
confīsus	im Vertrauen auf

e) 1. Hominī doctō multīs librīs opus est. — Ein Gelehrter braucht viele Bücher.

Bei **opus est** — man benötigt, man braucht (eigtl. ‚es ist Hilfe durch')

füllt die benötigte Sache (im Ablativus instrumentalis) die Stelle des Adverbiales, die Person, die etwas benötigt, ist ein Objekt im Dativ.

2. Nihil eī opus est. — Er braucht nichts.
Multa (haec) nōbīs opus sunt. — Wir brauchen vieles (dies).

Wird die benötigte Sache durch das Neutrum eines Pronomens oder Adjektivs im Singular oder Plural angegeben, so übernimmt dieses die Funktion des Subjekts (vgl. G95c).

Das Satzmodell für *opus est*

Mihi librō opus est. — Ich brauche ein Buch.

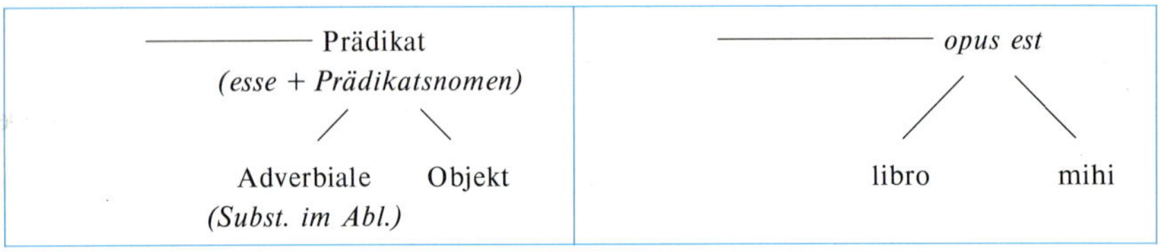

Haec mihi opus sunt. — Ich benötige diese Dinge.

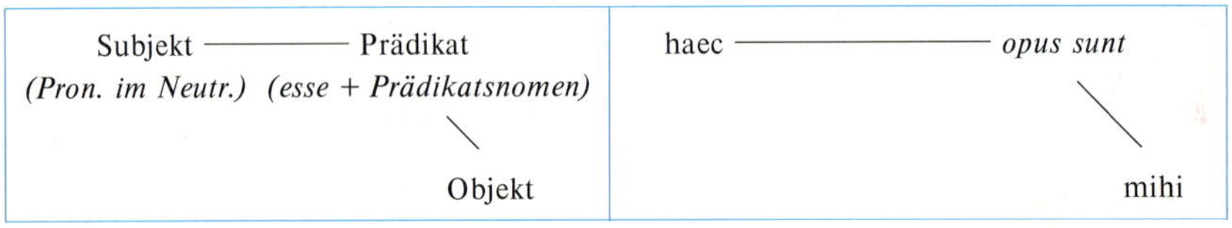

f) 1. Agrī magnō emuntur. — Grundstücke werden teuer gekauft.

Der **Ablativ der Preisangabe** *(ablātīvus pretiī)* steht in der Funktion eines Adverbiales bei Verben des Geschäftsverkehrs, z. B.

emere	kaufen	condūcere	anwerben, mieten
vendere	verkaufen	locāre	vermieten
(cōn)stāre	kosten		

Häufigere Preisangaben sind

magnō	teuer, hoch, viel	grātīs	umsonst
parvō	billig, (um) wenig		

2. Mercātor mercēs plūris vendit quam emit. — Der Kaufmann verkauft die Waren teuerer als er sie kauft.

Vergleichende Preisangaben *(tantī, quantī, plūris, minōris)* stehen im Genitiv des Wertes, der gleichfalls die Stelle eines Adverbiales füllt (vgl. G 91 f).

g) Multī beātī sunt, sī cum amīcīs vīvunt. — Viele sind glücklich, wenn sie zusammen mit Freunden leben.

Omnēs beātī esse possent, sī cum virtūte vīverent. — Alle könnten glücklich sein, wenn sie tugendhaft leben würden.

Der **Ablativ der Art und Weise** *(ablātīvus modī)* hat die Funktion eines Adverbiales. Er steht mit der Präposition *cum* und gibt Umstände und Folgen an, die eine Handlung bzw. einen Vorgang begleiten, z. B.

cum cūrā	mit Sorgfalt, sorgfältig
cum calamitāte cīvitātis	zum Unglück für den Staat

Ist das Substantiv mit einem adjektivischen Attribut verbunden, so fehlt *cum* oft, z. B.

summō studiō	mit höchstem Eifer

Der Ablativ der Art und Weise läßt sich aus einem ursprünglichen Ablativ der Begleitung *(ablātīvus sociātīvus)* erklären: *cum amīcīs – cum virtūte*

h) Nūllō modō hoc fierī potest. — Dies kann auf keine Weise geschehen.

Stultus aequō animō sortem suam ferre nōn potest. — Ein Dummkopf kann sein Schicksal nicht mit Gelassenheit ertragen.

Iūre hoc dīxistī. — Mit Recht hast du das gesagt.

Der Ablativ der Art und Weise ohne *cum* findet sich

bei Angabe einer Verfahrensweise oder einer Absicht:

mōre Germānōrum	nach Art der Germanen
nūllō pactō	auf keine Weise
hāc condiciōne, hāc lēge	unter dieser Bedingung
eō cōnsiliō	in der Absicht

bei Angabe eines Körper- oder Seelenzustandes:

manibus ērēctīs	mit erhobenen Händen

in festen Wendungen:

meritō	mit Recht, verdientermaßen
iniūriā	zu Unrecht
cāsū, forte	zufällig

W

pueritia, -ae (puer)	Kindheit, Jugendalter
corōna, -ae	Kranz, Krone
epulae, -ārum	Speisen, Mahl
supplicium, -ī (supplex)	1. Gebet 2. (Todes-)Strafe
pactum, -ī	1. Abmachung, Vertrag *(Pakt)* 2. Weise
merx, mercis f. (mercātor)	Ware
circēnsēs, -ium m.	Zirkusspiele
stultus, a, um	dumm, töricht
ēlātus, a, um (rē) (efferre)	hervorgehoben, stolz gemacht (durch etwas)
invītāre	einladen
cōnstāre, cōnstō, cōnstitī	1. bestehen 2. kosten
locāre	1. stellen, legen 2. vermieten
condūcere, -dūcō, -dūxī, -ductum	1. zusammenführen 2. anwerben, mieten 3. nützen (vgl. G 75e)
perferre, perferō, pertulī, perlātum	überbringen, ertragen (vgl. G 85 c)
ūnā *Adv.*	zusammen (mit), zugleich
forte *Adv.*	zufällig
grātīs *Adv.*	umsonst, unentgeltlich *(gratis)*
grātīs stāre	nichts kosten

100 Der Ablativ als Adverbiale: Ablativus causae

G a) Nōn modo labōre fessus, sed etiam morbō confectus sum. — Ich bin nicht nur von der Anstrengung erschöpft, sondern auch von der Krankheit geschwächt.

Sapiēns nec nimis laetātur secundīs rēbus nec nimis dolet adversīs (rēbus). — Der Weise freut sich nicht allzu sehr über sein Glück, er empfindet auch nicht allzu großen Schmerz über ein Unglück.

Der **Ablativ des Grundes** *(ablātīvus causae)* steht als Adverbiale bei Verben und Adjektiven (Partizipien), vor allem wenn diese eine Gefühlsäußerung bezeichnen, z. B.

gaudēre / laetārī / delectārī	aliquā rē	sich freuen über etwas
gloriārī	aliquā rē	sich einer Sache rühmen
laetus / maestus / trīstis	aliquā rē	froh / betrübt / traurig über etwas

b) Prae lacrimīs scrībere nōn possum.	Vor Tränen kann ich nicht schreiben.
Lībertātis causā multī hominēs patriam relīquērunt.	Um der Freiheit willen haben viele Menschen ihre Heimat verlassen.

Ein Grund kann auch durch Präpositionalausdrücke, die die Stelle des Adverbiales füllen, angegeben werden. Solche Ausdrücke sind Verbindungen mit den Präpositionen *per, propter, ex* und *prae.*

causā und *gratiā* haben als erstarrte Ablative des Grundes in der Bedeutung ‚wegen, um – willen' einen vorangestellten Genitiv als Attribut bei sich, z. B.

honōris causā	ehrenhalber	exemplī grātiā	beispielshalber

aber:

meā (tuā *usw.*) causā, gratiā	meinetwegen, um meinetwillen, mir zuliebe *usw.*

c) Sē ipsī omnēs nātūrā dīligunt.	Sich selbst lieben alle von Natur aus.

Gewisse Wendungen kann man als Ablativ des Grundes auffassen, z. B.

quārē / quā rē	weshalb; relat. Anschluß: daher, deshalb	eō	deswegen, deshalb
		iussū	auf Befehl
quō	weswegen, wodurch; relat. Anschluß: deswegen, dadurch	meā sponte (tuā *usw.* sponte)	aus eigenem Antrieb, von selbst, freiwillig

d) Īrā incēnsus tē reprehendī.	Aus Zorn (im Zorn) habe ich dich getadelt.

Der Ablativ des Grundes als Adverbiale hat häufig ein PPP bei sich. Dieses Participium coniunctum kann unübersetzt bleiben, z. B.

amōre adductus	aus Liebe	odiō permōtus	aus (im) Haß
metū coāctus	aus Furcht		

W

fīdūcia, -ae	Vertrauen, Zuversicht	fatīgāre	ermüden, erschöpfen
umbra, -ae	Schatten	laetārī (laetus)	sich freuen
pudor, -ōris m. (pudet)	Scham, Scheu, Ehrgefühl	offendere, offendō, offendī, offēnsum	1. anstoßen, antreffen 2. beleidigen *(offensiv)*
exitus, -ūs (exīre)	1. Ausgang 2. Ende, Ergebnis	prae *Präp. mit Abl.*	1. vor (Ortsangabe) 2. vor (Verhinderungsgrund)
prīstinus, a, um	früher, ehemalig	contrā *Adv.*	dagegen, völlig anders
tardus, a, um	langsam, spät	nimis *Adv.*	(all)zu sehr
dissimulāre (dissimilis)	verheimlichen, verleugnen		

Merke:

prae sē ferre	vor sich hertragen, an den Tag legen

101

Der Ablativ als Adverbiale:
Ablativus limitationis
Ablativus mensurae
Der Ablativ als Attribut und als Prädikatsnomen:
Ablativus qualitatis

G a) Gallī omnēs linguā, īnstitūtīs, mōribus inter sē differunt. — Die Gallier unterscheiden sich alle voneinander durch ihre Sprache, ihre Einrichtungen und Sitten.

Der **Ablativ der Beziehung** *(ablātīvus līmitātiōnis)* grenzt eine Aussage ein. Er füllt die Stelle eines Adverbiales, seine Bedeutung ergibt sich auf die Fragen: in welcher Beziehung? worin? wodurch? Er findet sich

bei Verben des Beurteilens und Vergleichens:

aequāre / superāre	(aliquem) aliquā rē	(einen) erreichen in etwas / (einen) übertreffen in etwas
mētīrī	(aliquid) aliquā rē	(etwas) bemessen nach etwas
praestāre / cēdere / excellere	(alicui) aliquā rē	(einen) übertreffen in etwas / (einem) nachstehen in etwas / sich (vor einem) auszeichnen in etwas, hervorragen durch etwas
differre	aliquā rē	sich unterscheiden durch etwas

bei Nomina:

māior, minor nātū	älter, jünger (der Geburt nach)
verbō līber	nur dem Namen nach frei
animō frāctus	seelisch gebrochen
nāvēs numerō decem	zehn Schiffe (an der Zahl)
saepe numerō	oftmals, oft

b) Hibernia īnsula dīmidiō minor est quam Britannia. — Die Insel Irland ist um die Hälfte kleiner als Britannien.
Hominēs quō plūra habent, eō ampliōra cupiunt. — Je mehr die Menschen haben, desto mehr begehren sie.

Der **Ablativ des Maßes** *(ablātīvus mēnsūrae)* gibt an, um wieviel sich eine Person oder Sache von einer anderen unterscheidet. Er hat die Funktion eines Adverbiales und steht bei Komparativen auf die Frage: um wieviel? z. B.

duōbus pedibus māior	(um) zwei Fuß größer
aliquantō minor	beträchtlich kleiner
multō facilius	viel leichter
nihilō minus	trotzdem (eigtl. nichtsdestoweniger)
multīs diēbus ante/post	viele Tage vorher/nachher
quō / quantō brevius, eō / tantō melius	je kürzer, desto besser

c) Domitiānus, vir māximā superbiā, omnibus odiō erat. — Domitian, ein Mann von größtem Hochmut, wurde von allen gehaßt.

Der **Ablativ der Beschaffenheit** *(ablātīvus quālitātis)* kann die Funktion eines Attributs annehmen. Er bezeichnet eine Beschaffenheit oder Eigenschaft des übergeordneten Subjekts.

d) Domitiānus māximā superbiā erat. — Domitian zeigte größten Hochmut.

Der Ablativ der Beschaffenheit bei *esse* wird als Prädikatsnomen aufgefaßt. Er hat hier die gleiche Bedeutung wie als Attribut (vgl. G 31 d).

W

arrogantia, -ae	Anmaßung *(Arroganz)*	prāvus, a, um	verkehrt, schlecht
statūra, -ae (stāre)	Gestalt, Wuchs *(Statur)*	(ex)celsus, a, um	aufragend, erhaben
īnstitūtum, -ī	Einrichtung, Grundsatz	mētīrī, mētior, mēnsus sum	messen, bemessen *(Mensur)*
dīmidium, -ī	Hälfte	dēfungī, dēfungor, dēfunctus sum (fungī)	1. erledigen 2. sterben
dīmidius, a, um	halb		
libīdō,-inis f.	1. Trieb, Verlangen 2. Willkür		
color, -ōris m.	Farbe *(Kolorit)*		

102 Ortsangaben als Adverbialien

G a) Ortsangaben auf die Frage: **wo?**

1. domī, rurī versārī — sich zu Hause, sich auf dem Land aufhalten

Corinthī, Rōmae (aus Rōmāi), Delī esse — in Korinth, in Rom, auf Delos leben

Der **Lokativ** (ursprünglich ein eigener Kasus mit der Endung *i*) steht auf die Frage: wo? Er findet sich nur noch bei einigen Wörtern. Regelmäßig steht er bei Eigennamen von Städten und kleineren Inseln auf *-us, -a, -um*; hier fällt er lautlich mit dem Genitiv zusammen.

2. Carthāgine, Athēnīs esse — in Karthago, in Rom leben

Der **Ablativ des Ortes** *(ablātīvus locī)* steht bei Ortsnamen, die nicht auf *-us, -a, -um* enden.

Merke:

tōtā urbe	in der ganzen Stadt
inīquō locō	an einer ungünstigen Stelle
obsidum locō	an Stelle von Geiseln, als Geiseln

b) Ortsangaben auf die Frage: **wohin?**

domum, rūs, Corinthum, Rōmam, Carthāginem, Athēnās, Dēlum proficīscī	nach Hause usw. reisen

Der **Akkusativ zur Angabe einer Richtung** steht bei *domum* und *rūs* und bei Eigennamen von Städten und kleineren Inseln.

c) Ortsangaben auf die Frage: **woher?**

domō, rūre, Corinthō, Rōmā, Carthāgine, Athēnīs, Dēlō proficīscī	von zu Hause usw. aufbrechen

Der **Ablativ zur Angabe eines Ausgangspunktes** steht bei *domō* und *rūre* sowie bei Eigennamen von Städten und kleineren Inseln.

W

fēriae, -ārum	Feiertage *(Ferien)*	dīlēctus, -ūs	1. Auswahl 2. Musterung, Aushebung
rūs, rūris n. (rūsticus)	Land (im Gegensatz zur Stadt), Landgut	sē cōnferre	sich begeben
hiems, hiemis f.	Winter	īnsequī	folgen, verfolgen
hiemāre	den Winter zubringen, überwintern		

Merke:

dīlēctum habēre — eine Aushebung vornehmen

103 Zeitangaben als Adverbialien

G

a)

initiō, principiō	anfangs
prīmā lūce	bei Tagesanbruch, beim Morgengrauen
multā nocte	in tiefer Nacht
superiōre nocte	in der vergangenen Nacht
posterō diē	am folgenden Tag
memoriā nostrā	in unserer Zeit

Der **Ablativ der Zeit** *(ablātīvus temporis)* steht als Adverbiale bei Zeitangaben auf die Frage: **wann?** (vgl. G 21 c)

b)

paucīs diēbus	innerhalb weniger Tage, in wenigen Tagen
bīduō, trīduō	innerhalb von zwei, drei Tagen

Der Ablativ der Zeit steht als Adverbiale zur Angabe einer Zeitspanne auch auf die Frage: **innerhalb welcher Zeit?**

c) in pāce, in bellō — in Friedenszeiten, im Krieg
in pueritiā — in der Jugend
in rēbus secundīs, adversīs — im Glück, im Unglück

Der Ablativ mit der Präposition *in* bezeichnet Zeitangaben, die sich über längere Zeiträume erstrecken, oder allgemeine Zustände.

Merke: bis in diē — zweimal am Tag
in tempore — zur rechten Zeit, rechtzeitig

d) in praesēns — für jetzt, gegenwärtig
in posterum — für später
in perpetuum — für immer

Der Akkusativ mit der Präposition *in* bezeichnet eine Zeitangabe auf die Frage: **für wann?**

e) Decem annōs Trōia oppūgnāta est. — Zehn Jahre lang ist Troja belagert worden.

Bei Zeitangaben auf die Frage: **wie lange?** steht der **Akkusativ** als Adverbiale zur Angabe einer Zeitdauer (vgl. G 29 c), z. B.

trīduum — drei Tage lang
diēs noctēsque — Tage und Nächte lang, Tag und Nacht
novem annōs nātus — neun Jahre alt

f) multīs diēbus ante — viele Tage vorher

Bei Zeitangaben, die einen Vergleich enthalten, steht der Ablativus mensurae (vgl. G 101 b).

W

bīduum, -ī (trīduum, -ī)	Zeitraum von zwei (drei) Tagen
fremitus, -ūs	Lärm
ortus, -ūs (orīrī)	Aufgang (der Sonne), Osten, Entstehung
occāsus, -ūs (occidere)	Untergang (der Sonne), Westen
frīgidus, a, um	kalt, starr
exiguus, a, um	klein, gering
posterus, a, um	folgend
perpetuus, a, um (*Adv.* -ō)	durchgehend, ununterbrochen
incohāre	anfangen
impendere, impendō, impendī, impēnsum	aufwenden

104 nd-Formen I: Gerundium

G a) Discere iuvat. — Lernen macht Freude.

Discendō memoria exercētur. — Durch Lernen wird das Gedächtnis geübt.

Die obliquen[1] Kasus des substantivisch gebrauchten Infinitiv Präsens Aktiv (hier: *discere* das Lernen) werden im Lateinischen durch nd-Formen ersetzt. Sie zeigen die Ausgänge der Neutra auf *-um (-ī, -ō, -um, -ō)*. Gebildet werden Genitiv, Dativ (selten) und Ablativ sowie Akkusativ und Ablativ in Verbindung mit Präpositionen.

b) **Substantivische nd-Form (Gerundium)**

laudā-re loben lauda-ndī des Lobens *usw.*	monē-re mahnen mone-ndī des Mahnens *usw.*	audī-re hören audi-e-ndī des Hörens *usw.*	reg-e-re leiten reg-e-ndī des Leitens *usw.*	cape-re fangen capi-e-ndī des Fangens *usw.*
hortā-rī ermahnen horta-ndī des Mahnens *usw.*	verē-rī fürchten vere-ndī des Fürchtens *usw.*	lārgī-rī schenken lārgi-e-ndī des Schenkens *usw.*	sequ-ī folgen sequ-e-ndī des Folgens *usw.*	patī dulden pati-e-ndī des Duldens *usw.*

Die substantivische nd-Form

- kommt nur im Singular vor und ersetzt die fehlenden Kasus des Infinitiv Präsens im Aktiv; auch Deponentia bilden diese Form
- wird als Verbalform durch Adverbien näher bestimmt
- kann, wenn sie im Genitiv oder im Ablativ (als *ablātīvus īnstrūmentālis* oder *ablātīvus causae*) steht, ein Akkusativobjekt bei sich haben.

c) Beispiele für die Verwendung des Gerundiums:

1. Genitiv

Cupidus sum librōs legendī. — Ich bin begierig, Bücher zu lesen.

(Gerundium abhängig von Adjektiven)

Ars librōs rēctē legendī difficilis est. — Die Kunst, Bücher richtig zu lesen, ist schwer.

(Gerundium als Attribut bei Substantiven)

---

1) *oblīquus, a, um* schräg, schief; dem Nom. als *cāsus rēctus* werden die *cāsūs oblīquī* Gen., Dat., Akk. und Abl. gegenübergestellt.

2. Ablativ

Librōs rēctē legendō prōficiēs.	Durch das richtige Lesen von Büchern wirst du vorankommen.
Nihil agendō nihil cōnficiēs. Durch das Tun von nichts →	Durch Nichtstun wirst du nichts vollbringen.

(Gerundium als Adverbiale)

3. Verbindungen mit Präpositionen:

Homō ad agendum nātus est.	Der Mensch ist zum Handeln geboren.
Iūdicī nōmen est ā iūdicandō.	Der Richter hat seinen Namen vom Rechtsprechen.

(Gerundium als Adverbiale)

d) Die substantivische nd-Form kann auf folgende Weise übersetzt werden:

1. als sog. ‚deklinierter Infinitiv' durch einen Infinitiv (substantiviert oder mit ‚zu'):

cupidus librōs legendī	begierig auf das Lesen von Büchern begierig, Bücher zu lesen

2. durch ein vom Verbum abgeleitetes Substantiv auf *-ung* oder ähnliche Bildungen:

urbem expūgnandō	durch die Eroberung der Stadt
librōs legendō	durch die Lektüre von Büchern

3. als ‚satzwertige Wortgruppe' durch einen Gliedsatz:

librōs rēctē legendō	dadurch, daß man Bücher richtig liest

W

vocābulum, -ī (vocāre)	Benennung, Wort *(Vokabel)*	dīligēns, -entis (dīligere)	sorgfältig, gewissenhaft
occāsiō, -ōnis f.	Gelegenheit	dēlīberāre	erwägen, überlegen
facultās, -ātis f. (facilis)	Möglichkeit, Fähigkeit, Mittel *(fakultativ; Fakultät)*	precārī (precēs)	1. bitten, beten 2. wünschen
grex, gregis m. (ēgregius)	Herde, Schar	pollicērī, polliceor, pollicitus sum	versprechen
avidus, a, um	begierig, gierig	custōdīre (custōs)	bewachen, verwahren
serēnus, a, um	heiter	potius *Adv.*	vielmehr, eher, lieber

105 nd-Formen II: Gerundivum als Attribut oder als Prädikativum

G a) Cupidus sum librōs legendī. — Ich bin begierig, Bücher zu lesen.
Cupidus sum librōrum legendōrum. — Ich bin begierig, Bücher zu lesen.

nd-Formen, die wie Adjektive dekliniert werden, heißen Gerundivum. Wenn sie in Kongruenz mit einem Beziehungsnomen einen Wortblock bilden, kommen sie sinngemäß einem Gerundium mit Objekt gleich und werden auch so übersetzt (vgl. G 104d).

Gerundivum übersetzen wie ein Gerundium mit Akkusativ wenn es im Fall, Zeit übereinstimmt.

b) **Adjektivische nd-Form (Gerundivum)**

lauda-ndus, a, um	mone-ndus, a, um	audi-e-ndus, a, um	reg-e-ndus, a, um	capi-e-ndus, a, um
horta-ndus, a, um	vere-ndus, a, um	lārgi-e-ndus, a, um	sequ-e-ndus, a, um	pati-e-ndus, a, um

Adjektivische nd-Formen mit Beziehungsnomen werden wie Adjektive verwendet. Auch Deponentia bilden diese Formen.

c) Das Gerundivum in der Bedeutung eines Gerundiums mit Objekt *(gerundīvum prō gerundiō)*[1]:

1. Paucī perītī sunt cīvitātis regendae (… cīvitātem regendī). — Wenige sind erfahren in der Leitung des Staates.

(Gerundiv mit Beziehungsnomen abhängig von Adjektiven)

2. Artem librōrum legendōrum (librōs legendī) paucī īgnōrant. — Die Kunst, Bücher zu lesen, verstehen (nur) wenige nicht.

(Gerundiv mit Beziehungsnomen als Attribut bei Substantiven)

3. Pompēius pīrātīs persequendīs (pīrātās persequendō) mare tūtum reddidit. — Durch die Verfolgung der Seeräuber machte Pompeius das Meer wieder sicher.

(Gerundiv mit Beziehungsnomen als Adverbiale im Ablativ)

4. In amīcīs ēligendīs hominēs saepe neglegentēs sunt. — Bei der Auswahl ihrer Freunde sind die Menschen oft gedankenlos.
Caesar ad Galliam administrandam missus est. — Cäsar wurde zur Verwaltung Galliens gesandt.

(Gerundiv mit Beziehungsnomen als Adverbiale in Verbindung mit Präpositionen)

1) Ob das Gerundivum in den folgenden Sätzen als Attribut zu seinem Beziehungsnomen oder als Prädikativum aufgefaßt werden kann, ist strittig.

5. Mulierēs suī servandī causā oppidum relīquērunt. — Die Frauen verließen die Stadt, um sich zu retten.
Vestrī hortandī causā adsum. — Ich bin da, um euch aufzumuntern.

(Gerundiv mit Beziehungsnomen als Adverbiale in Verbindung mit den Ablativen *causā/gratiā*; Beziehungsnomen ist hier der Genitiv eines Personalpronomens: *meī, tuī, nostrī, vestrī;* refl. *suī*).

d) Dō tibi librum legendum (librōs legendōs). — Ich gebe dir ein Buch (Bücher) zum Lesen.
Caesar bellum gerendum suscēpit. — Cäsar übernahm die Führung des Krieges.
Caesar pontem faciendum cūrāvit. — Cäsar sorgte für den Bau einer Brücke / Cäsar ließ eine Brücke bauen.

Adjektivische nd-Formen stehen als Prädikativum zur Bezeichnung des Zweckes bei Verben des Übergebens und Übernehmens, wie

dare	geben	permittere	überlassen
trādere	übergeben	relinquere	hinterlassen
mittere	schicken	suscipere	übernehmen
committere	anvertrauen		

ferner bei

cūrāre	besorgen, lassen

e) Die **Litótes** (griech. Schlichtheit) hebt einen Begriff durch die Verneinung des Gegenteils hervor: nicht unnütz = sehr nützlich.
Sunt nonnulli lusus acuendis puerorum ingeniis non inutiles (L 105, 8).

W

comitia, -ōrum (īre)	Volksversammlung	corrigere, córrigō, corrēxī, corrēctum	berichtigen, verbessern *(korrigieren; korrekt)*
hīberna, -ōrum (hiems)	Winterlager	ex(s)istere, ex(s)istō, exstitī	auftreten, entstehen *(Existenz)*
quaestiō, -ōnis f. (quaerere)	Frage, Untersuchung	invicem *Adv.*	wechselweise, gegenseitig
frīgus, -ŏris n. (frīgidus)	1. Kälte, Frost 2. Schauer	quotannīs *Adv.* (annus)	alljährlich
servīlis, -e (servus)	sklavisch, Sklaven betreffend		
recreāre	wiederherstellen, erfrischen		

Merke:

discipulus laudandus — ein lobenswerter Schüler (ein zu lobender Schüler)
dolor vix tolerandus/ferendus — ein kaum erträglicher Schmerz (ein kaum zu ertragender Schmerz)
quam plūrimī — möglichst viele

liber legendus — ein zu lesendes Buch

106 nd-Formen III: Gerundivum als Prädikatsnomen

G a) Currendum est. — Man muß laufen.
Mihi currendum est. — Ich muß laufen.
Necessitātī vōbīs pārendum est. — Ihr müßt der Notwendigkeit gehorchen.
Dīvitiīs nōbīs rēctē ūtendum est. — Wir müssen vom Reichtum in der richtigen Weise Gebrauch machen.
Iniūriārum tibi oblīvīscendum nōn est. — Du darfst Ungerechtigkeiten nicht vergessen.

nd-Formen stehen als Prädikatsnomen mit *esse* **bei intransitiven Verben**

im Neutr. Sing. in unpersönlicher Konstruktion (ohne Beziehungsnomen).

Als Prädikatsnomen in Verbindung mit *esse* geben nd-Formen eine ‚Notwendigkeit' an und werden durch ‚müssen' übersetzt.
Zur Angabe der handelnden Person dient der Dativ *(datīvus auctōris)*.
Ist die handelnde Person nicht angegeben, so wird die Subjektstelle im Deutschen durch ‚man' gefüllt.
Sind nd-Formen in Verbindung mit *esse* verneint, so werden sie im Deutschen durch ‚nicht dürfen', manchmal auch durch ‚nicht können' wiedergegeben.

b) Tibi scrībendum est. — Du mußt schreiben (es kommt dir zu ...).
Epistula tibi scrībenda est. — Du mußt einen Brief schreiben (ein Brief ist von dir zu schreiben).
Virō strēnuō cūnctae difficultātēs vincendae sunt. — Ein tatkräftiger Mann muß alle Schwierigkeiten überwinden.

nd-Formen stehen als Prädikatsnomen mit *esse* **bei transitiven Verben**
- im Neutr. Sing. in unpersönlicher Konstruktion (ohne Beziehungsnomen)
- im Sing. und Plur. aller drei Genera in persönlicher Konstruktion (mit Beziehungsnomen).

W

bēlua, -ae	Tier, Untier
difficultās, -ātis f. (difficilis)	Schwierigkeit, Verlegenheit
necessitās, -ātis f. (necesse)	Notwendigkeit, Notlage
strēnuus, a, um	tatkräftig, energisch, entschlossen
immānis, -e	ungeheuerlich, entsetzlich, riesig
cēnsēre, cēnseō, cēnsuī, cēnsum (cēnsor)	schätzen, meinen *(zensieren)*
cōnfugere, cōnfugiō, cōnfūgī	(sich) flüchten
cum ... tum *Kj.*	sowohl ... als besonders, einerseits ... besonders aber

107 Konsekutivsätze als Subjekt und als Adverbiale
Quod-Sätze als Subjekt, Objekt und Adverbiale

G a) Nēminī contingit, ut beātus sit semper. — Niemandem glückt es, immer glücklich zu sein.

Konsekutivsätze geben die Folge einer Handlung, eines Vorgangs oder Zustands an. Sie werden mit der Konjunktion[1]

ut daß (mit Konj.)

eingeleitet und können die Stelle des Subjekts einnehmen, wenn im übergeordneten Satz ein unpersönlicher Ausdruck steht, z. B.

fit	es geschieht	contingit	es glückt
fierī potest	es kann geschehen, es ist möglich	accēdit	dazu kommt (noch)
		mōs est	es ist Sitte
accidit, ēvenit	es ereignet sich	cōnsuētūdō est	es ist Brauch

Die Verneinung heißt *ut nōn, ut nēmō usw.*

b) Tantā erat Atticus hūmānitāte, ut ab omnibus dīligerētur. — Atticus besaß so große Menschenfreundlichkeit, daß er von allen geliebt wurde.

Konsekutivsätze haben die Funktion eines Adverbiales, wenn im übergeordneten Satz ein demonstrativer Begriff steht, z. B.

sīc, ita, adeō, tam	so, so sehr
is, eiusmodī, tālis	solch, derartig
tantus	so groß

c) Opportūnē accidit, quod ad mē venīs. — Es trifft sich gut, daß du zu mir kommst.

Gliedsätze, die von unpersönlichen Ausdrücken abhängen und durch die Konjunktion

quod daß (die Tatsache/der Umstand, daß)

(sog. faktisches *quod*) eingeleitet werden, können die Funktion eines Subjekts haben. Sie enthalten eine Aussage, die den Inhalt oder die Handlung des über-geordneten Satzes näher erläutert, und stehen im Indikativ.
Im übergeordneten Satz steht ein beurteilendes Adverb, das den unpersönlichen Ausdruck näher bestimmt, z. B.

bene / male / opportūnē } fit, quod — es trifft sich { gut / schlecht / günstig }, daß

Die Verneinung heißt *quod nōn.*

1) Mit dem Begriff ‚Konjunktion' werden nicht nur die beiordnenden, sondern auch die unterordnenden Konjunktionen bezeichnet (auch Subjunktionen genannt; vgl. G 18a–d und G 34c).

Satzmodell: *quod*-Satz als Subjekt

Subjekt *(Gliedsatz)* — Prädikat / Adverbiale	*quod ad me venis* — accidit / opportune

d) Bene fēcistī, quod ad mē vēnistī. — Du hast gut daran getan, daß du zu mir gekommen bist.

Gliedsätze, die durch *quod* eingeleitet werden, können auch die Funktion eines Objekts haben. Auch sie enthalten eine Aussage, die den Inhalt oder die Handlung des übergeordneten Satzes näher erläutert.
Im übergeordneten Satz steht ein transitives Verbum in Verbindung mit einem beurteilenden Adverb, z. B.

bene, male prudenter	} facere	gut, schlecht klug	} daran tun

Satzmodell: *quod*-Satz als Objekt

(Subjekt) — Prädikat / Adverbiale, Objekt *(Gliedsatz)*	(tu) — fecisti / bene, *quod ad me venisti*

e) Grātiās tibi agō (gaudeō), quod ad mē vēnistī. — Ich sage dir Dank dafür (ich freue mich), daß (weil) du zu mir gekommen bist.

Bei Verben des Lobens, Tadelns, Dankens und bei Verben der Gefühlsäußerung steht ein Gliedsatz mit *quod* in der Funktion eines Objekts, z. B.

laudāre	loben	crīminī dare	zum Vorwurf machen
reprehendere	tadeln	gaudēre	sich freuen
grātiās agere	Dank sagen, danken	mīrārī	sich wundern

Bei diesen Verben zeigt sich deutlich der Übergang vom erläuternden (‚faktischen') *quod* zum begründenden (‚kausalen') *quod* (vgl. G 112a).
Der Gliedsatz mit *quod* kann hier entweder die Stelle eines Objekts oder eines Adverbiales füllen.

Satzmodell: *quod*-Satz als Objekt oder als Adverbiale

(Subjekt) — Prädikat \ Objekt *(Gliedsatz)*	(ego) — gaudeo \ *quod ad me venisti* ‚daß'
(Subjekt) — Prädikat / Adverbiale *(Gliedsatz)*	(ego) — gaudeo / *quod ad me venisti* ‚weil'

f) Hōc ūnō praestāmus ferīs, quod colloquimur inter nōs.	Dadurch allein sind wir den Tieren überlegen, daß wir miteinander reden.

Gliedsätze mit *quod* haben die Funktion eines Adverbiales, wenn sie sich auf einen beliebigen demonstrativen Begriff im übergeordneten Satz beziehen, z. B.

eō, quod	dadurch (durch die Tatsache), daß
ex eō, quod	daraus (aus der Tatsache), daß

g) Caesar Haeduōs vehementer accūsāvit, quod ab iīs nōn sublevārētur.	Cäsar machte den Häduern heftige Vorwürfe, daß (weil) er von ihnen nicht unterstützt werde.

Wenn der *quod*-Satz **innerlich abhängig** ist, d. h. einen Gedanken des übergeordneten Subjekts enthält, steht er im Konjunktiv. Im Beispielsatz wird durch den Konjunktiv *(sublevaretur)* zum Ausdruck gebracht, daß Cäsar glaubt, daß ihn die Häduer nicht genügend unterstützen, d. h. es ist sein subjektiver Eindruck, nicht die Feststellung eines objektiven Tatbestandes.

W

doctrīna, -ae	Unterricht, Wissenschaft *(In-doktrination)*
fortūnae, -ārum	(Glücks-)Güter, Vermögen
ōrāculum, -ī	Götterspruch, Orakel
portentum, -ī	(schlimmes) Vorzeichen, Ungeheuer
sānctus, a, um (sancīre)	geweiht, heilig, ehrwürdig *(Sankt)*
affirmāre (firmus)	bekräftigen, behaupten
sublevāre (levis)	emporheben, unterstützen
grātulārī	1. Glück wünschen 2. danken (besonders den Göttern) *(gratulieren)*
aliquot	einige, etliche
potissimum *Adv.*	hauptsächlich, vornehmlich
quamdiū *Kj.*	solange (als)
quī (eigtl. Abl.)	wie
quī fit?	wie kommt es?
quō fit, ut …	daher kommt es, daß …

108 Unabhängige Fragesätze
Abhängige Fragesätze als Subjekt und Objekt
Consecutio temporum

G

a) 1. Cūr tacēs? Quid faciam?	Warum schweigst du? Was soll ich tun?
2. Fuistīne herī domī?	Warst du gestern zu Hause?
Nōnne canis similis est lupō?	Ist nicht der Wolf dem Hund ähnlich?
Num mundus cāsū effectus est?	Ist die Welt etwa durch Zufall entstanden?
3. Utrum tū amīcum / Tūne amīcum / Tū amīcum } an amīcus tē dēseruit?	Hast du deinen Freund oder hat der Freund dich im Stich gelassen?

Unabhängige Fragesätze stimmen im Gebrauch der Modi und der Negationen mit den Aussagesätzen überein.

Man unterscheidet

1. Wortfragen: Sie werden durch Fragewörter eingeleitet.
2. Satzfragen: Sie werden je nach der erwarteten Antwort verschieden eingeleitet:

-ne	wird an das erste betonte Wort des Satzes angehängt. Es wird *keine bestimmte Antwort* erwartet (vgl. G 7b).
nōnne	Es wird die *Antwort ja* erwartet. nicht
num	Es wird die *Antwort nein* erwartet. etwa

3. Doppelfragen: Zwei (oder mehr) Möglichkeiten werden zur Wahl gestellt. Zur Einleitung einer solchen Frage dient:

utrum ... an	verneint: **utrum ... annōn**
-ne ... an	**-ne ... annōn**
... an	

b) Quid faciam? — Was soll ich tun?
Egō timērem? — Ich hätte mich fürchten sollen?
Abeamne an maneam? — Soll ich weggehen oder bleiben?

Unabhängige Fragen stehen in der Regel im Indikativ. Der Konjunktiv steht bei Fragen, die eine Überlegung beinhalten (Deliberativ; vgl. G 67d).

c) Incertum est, quid faciās. — Es ist ungewiß, was du tust.
Dīc mihi, num hoc fēceris. — Sag mir, ob du das getan hast.
Incertum est (dīc mihi), utrum hoc factūrus sīs necne. — Es ist ungewiß (sag mir), ob du das tun wirst oder nicht.

Abhängige Fragesätze hängen von Verben des Fragens, Sagens und Wissens ab. Sie können die Funktion eines Subjekts oder Objekts haben. Dies richtet sich nach dem übergeordneten Verbum.
Abhängige Fragen stehen im Konjunktiv.

Das Satzmodell mit einem abhängigen Fragesatz als Subjekt

Incertum est, quid faciās. — Es ist ungewiß, was du tust.

Subjekt ——— Prädikat *(abhängiger Fragesatz)*	*quid facias* ——— incertum est

Das Satzmodell mit einem abhängigen Fragesatz als Objekt

Dīc mihi, num hoc fēceris. — Sag mir, ob du das getan hast.

——— Prädikat Objekt Objekt *(abhängiger Fragesatz)*	——— dic mihi *num hoc feceris*

Abhängige Fragen werden ebenfalls nach den Arten der Fragen unterschieden:

1. Wortfragen: Sie werden durch ein Fragewort eingeleitet.
2. Satzfragen: Sie werden eingeleitet durch

num	ob, ob nicht	**an**	ob nicht
-ne	ob, ob nicht	**an nōn** (auch annōn)	ob bei Verben des Nichtwissens und Zweifelns (entsprechend *an nēmō*, *an nihil* u. ä.)
sī	ob, ob nicht bei Verben des Erwartens und Versuchens		

3. Doppelfragen: Sie werden eingeleitet durch

utrum ... an **-ne ... an** **... an**	ob ... oder	**utrum ... necne** **-ne ... necne** **... necne**	ob ... oder nicht

d) Quīn hoc faciam? Nōn retineor. — Warum soll ich das nicht tun? Ich halte mich nicht zurück.

Nōn retineor, quīn hoc faciam. — Ich halte mich nicht zurück, dies zu tun.

Manchen Behauptungssätzen, die eine negative Aussage enthalten, liegt eigentlich eine durch

quīn? warum nicht? Hilfsübersetzung

eingeleitete direkte Frage zugrunde. Wenn diese Frage abhängig wird, übersetzt man *quin* mit ‚daß'.

e) Dubium nōn est, quīn fuerint ante Homērum poētae. — Es besteht kein Zweifel, daß es schon vor Homer Dichter gab.

Nōn multum āfuit, quīn tē reprehenderem. — Es hätte nicht viel gefehlt, daß ich dich getadelt hätte.

Behauptungssätze, denen ein abhängiger Fragesatz zugrundeliegt, werden eingeleitet durch

quīn daß (mit Konj.)

Bei unpersönlichen verneinten Ausdrücken des Zweifelns und anderen unpersönlichen Ausdrücken füllen sie die Subjektstelle; bei einer persönlichen Konstruktion von Verben des Zweifelns und von anderen verneinten Verben haben sie die Funktion eines Objekts, z. B.

dubium nōn est, quīn *(Subj.)*	es besteht kein Zweifel, daß
nōn multum (paulum) abest, quīn *(Subj.)*	es fehlt nicht viel (es fehlt wenig), daß
quis dubitat, quīn *(Obj.)*	wer zweifelt, daß

f) Facere nōn possum, quīn id dīcam. Ich bringe es nicht fertig, daß ich das nicht sage/Ich muß das unbedingt sagen.

Bei den Ausdrücken

facere nōn possum	ich bringe es nicht fertig
fierī nōn potest	es kann nicht geschehen

bedeutet

quīn daß nicht

Der mit *quīn* eingeleitete Gliedsatz hat dabei die Funktion eines Objekts bzw. Subjekts.

g) In konjunktivischen Gliedsätzen gelten feste Regeln für die Zeitenfolge, die sog. **Consecutio temporum**.
Es werden drei Zeitverhältnisse des konjunktivischen Gliedsatzes zum übergeordneten Satz unterschieden:

Gleichzeitigkeit:

Die Handlung des Gliedsatzes ist zur Handlung des übergeordneten Satzes gleichzeitig, d. h. sie findet zur gleichen Zeit statt wie die Handlung des übergeordneten Satzes.

Vorzeitigkeit:

Die Handlung des Gliedsatzes ist zu der des übergeordneten Satzes vorzeitig, d. h. sie hat vor der Handlung des übergeordneten Satzes stattgefunden.

Nachzeitigkeit:

Die Handlung des Gliedsatzes ist zu der des übergeordneten Satzes nachzeitig, d. h. sie wird erst nach der Handlung des übergeordneten Satzes stattfinden.

1. Sciō / sciam	, quid	faciās.	Ich weiß / ich werde wissen	, was du	tust.
		fēceris.			getan hast.
		factūrus sīs.			tun wirst.

Steht im übergeordneten Satz ein sog. **Haupttempus** (Präsens, Futur, Imperativ), so steht im Gliedsatz bei

Gleichzeitigkeit: Konjunktiv Präsens
Vorzeitigkeit: Konjunktiv Perfekt
Nachzeitigkeit: Konjunktiv Präsens der umschreibenden Konjugation[1].

Vgl. dazu auch die Beispiele oben in c.

1) Als ‚umschreibende Konjugation‘ bezeichnet man die Verbindung des Partizip Futur Aktiv mit Formen von *esse*.

2.

Sciēbam, quid { facerēs. / fēcissēs. / factūrus essēs.	Ich wußte, was du	tust (tatest). / getan hast (getan hattest). / tun würdest.

Steht im übergeordneten Satz ein sog. **Nebentempus** (Imperfekt, Perfekt, Plusquamperfekt), so steht im Gliedsatz bei

Gleichzeitigkeit: Konjunktiv Imperfekt
Vorzeitigkeit: Konjunktiv Plusquamperfekt
Nachzeitigkeit: Konjunktiv Imperfekt der umschreibenden Konjugation.

3. Sōcratēs tantā praestitit omnibus sapientiā, ut nēmō eī pār sit (statt: esset).	Sokrates übertraf alle durch so große Weisheit, daß niemand ihm gleichkommt.

In Konsekutivsätzen steht ohne Rücksicht auf die Consecutio temporum der Konjunktiv Präsens, wenn die im Gliedsatz ausgedrückte Folge sich in die Gegenwart erstreckt: **absolutes Tempus**.

W

paries, -ětis m.	Wand	serere, serō, sēvī, sătum	säen, pflanzen
vītis, -is f.	Rebe, Weinstock	efficere, efficiō, effēcī, effectum	fertigbringen, bewirken *(Effekt)*
ōtiōsus, a, um (ōtium)	müßig, ohne öffentliche Aufgabe, ruhig	pertimēscere, -timēscō, -timuī	in Furcht geraten
hūc *Adv.*	hierher, hierzu		
cōnsultō *Adv.* (cōnsulere)	mit Absicht, überlegt		
pingere, pingō, pīnxī, pictum	malen, ausmalen		

109

Abhängige Begehrsätze als Objekt

G

a) Moneō tē, ut lēgēs observēs.	Ich mahne dich, die Gesetze zu beachten.
Moneō tē, nē lēgēs neglegās.	Ich mahne dich, die Gesetze nicht zu vernachlässigen/Ich warne dich, die Gesetze zu vernachlässigen.

Abhängige Begehrsätze füllen die Stelle eines Objekts (vgl. G 19 g). Sie werden eingeleitet durch

ut	daß	mit Konj.
nē	daß nicht	mit Konj.

Sie finden sich nach Verben, die ein Bitten, Begehren und Veranlassen ausdrücken, z. B.

ōrāre	bitten	mandāre	auftragen
rogāre	bitten	admonēre	ermahnen
optāre	wünschen	hortārī	ermahnen, ermutigen
postulāre	fordern	concēdere	zugestehen
imperāre	befehlen	permittere	erlauben
suādēre	raten	addūcere	veranlassen
persuādēre	überreden	impellere	antreiben, veranlassen
impetrāre	durchsetzen	commovēre	bewegen, veranlassen

Die Negation *nē* geht dabei folgende Verbindungen ein:

nē quis, nē quisquam	daß niemand	nē usquam	daß nirgends
nē quid, nē quicquam	daß nichts	nē … nēve (neu)	daß nicht … oder/und nicht
nē quandō, nē umquam	daß niemals		

b) Omne animal id agit, ut sē ipsum cōnservet. — Jedes Lebewesen geht darauf aus, sich selbst zu erhalten.

Die Funktion eines Objekts haben auch Begehrsätze nach Verben des Strebens und Sorgens, z. B.

petere	erstreben, erbitten	cūrāre	dafür sorgen
nītī	danach streben	vidēre	zusehen
contendere	sich anstrengen	efficere	bewirken
operam dare	sich Mühe geben	assequī	erreichen
id spectāre	darauf sehen	id agere	darauf ausgehen

c) (Utinam) nē veniās! Impediō tē. — Komme ja nicht! Ich hindere dich daran.
Impediō tē, nē veniās. — Ich hindere dich zu kommen.

Abhängigen Begehrsätzen bei Verben des Hinderns liegt eigentlich ein durch *(utinam) nē* eingeleiteter unabhängiger Begehrsatz zugrunde.
Wird dieser Begehrsatz abhängig, so bedeutet

ne daß

Der abhängige Begehrsatz hat bei den Verben des Hinderns die Funktion eines Objekts. Solche Verben sind z. B.

impedīre	hindern	obstāre	im Wege stehen, hindern
prohibēre	abhalten, verhindern	resistere	sich widersetzen, widerstehen
recūsāre	sich weigern		

d) Perīculum est, nē circumveniāmur. (Subj.)	Es besteht die Gefahr, daß wir in Bedrängnis geraten.
Timēmus, nē nōn (= ut) amīcī veniant. (Obj.)	Wir fürchten, daß die Freunde nicht kommen.

Die Funktion eines Subjekts (bei unpersönlichen Ausdrücken) oder eines Objekts (bei transitiven Verben) haben abhängige Begehrsätze bei den Verben des Fürchtens, z. B.

timēre metuere verērī	fürchten	pertimēscere	in Furcht geraten
		perīculum est	es besteht Gefahr

Zur Entstehung dieser abhängigen Begehrsätze vgl. G 25 f und oben Buchst. c.

W

carcer, -eris m.	Kerker, Gefängnis	observāre	beobachten, beachten (Observatorium)
rādīx, -īcis f.	Wurzel (Rettich; radikal)	impedīre (pēs)	festhalten, (be)hindern
palūs, -ūdis f.	Sumpf	intus *Adv.*	drinnen, (nach) innen
cavus, a, um	hohl, gewölbt (konkav)	prope *Adv.* (propius, proximē)	nahe, beinahe
sublīmis, -e	in die (der) Höhe, hoch, erhaben	usquam *Adv.*	irgendwo
salūber, -bris, -bre	heilsam, gesund	nēve, neu	oder nicht, und nicht (in Begehrsätzen)
illūstrāre (illūstris)	erleuchten, erhellen; verherrlichen		

110 Indirekte Rede I

G

In der **direkten** Rede *(ōrātiō rēcta)* werden die Worte eines Sprechers oder Schriftstellers wörtlich wiedergegeben, d. h. so, wie sie gesprochen bzw. geschrieben wurden.

In der **indirekten** Rede *(ōrātiō oblīqua)* werden die Worte eines Sprechers oder Schriftstellers von einem (wirklich dastehenden oder zu ergänzenden) Verbum des Sagens oder Meinens abhängig gemacht.

Die indirekte Rede ist also die Wiedergabe von Aussagen, Willensäußerungen und Fragen einer als Sprecher vorgestellten Person, die als übergeordnetes Subjekt eingeführt wird.

a) Dīviciācus ad Caesarem dīxit: — Diviciacus (Sprecher im übergeordneten Satz) sagte zu Cäsar:

Direkt:

Ariovistus Rhēnum trāns-gressus est.	Ariovist hat den Rhein überschritten.

Indirekt:

Ariovistum Rhēnum trāns-gressum esse.	Ariovist habe den Rhein überschritten.

1. Regel: **Hauptsätze,** die eine **Aussage** enthalten, erscheinen im Aci. Sie werden im Deutschen durch den Konjunktiv wiedergegeben.

b) Direkt:

Germānī, quī eum (= Ariovistum) secūtī sunt, in Galliā cōnsēdērunt et nōs sēdibus pellunt.	Die Germanen, die ihm gefolgt sind, haben sich in Gallien niedergelassen und vertreiben uns aus unseren Wohnsitzen.

Indirekt:

Germānōs, quī eum (= Ariovistum) secūti essent, in Galliā cōnsēdisse et sē sēdibus pellere.	Die Germanen, die ihm gefolgt seien, hätten sich in Gallien niedergelassen und vertrieben sie aus ihren Wohnsitzen.

2. Regel: **Gliedsätze** jeglicher Art stehen durchwegs im Konjunktiv. Auch sie werden im Deutschen mit einem Konjunktiv wiedergegeben.

3. Regel: **Pronomina**, die in der direkten Rede in der **1. Person** stehen, erscheinen in der indirekten Rede in Form der Reflexiva *suī, sibi, sē; suus, sua, suum.*

4. Regel: **Pronomina**, die in der direkten Rede in der **3. Person** stehen, erscheinen in der indirekten Rede gleichfalls in der 3. Person. Für diese werden die Pronomina *is, ea* oder *ille, illa* verwendet.

c) Direkt:

Tū nōbīs auxilium ferre dēbēs.	Du mußt uns Hilfe bringen.

Indirekt:

Illum sibi auxilium ferre dēbēre.	Er müsse ihnen Hilfe bringen.

5. Regel: **Pronomina**, die in der direkten Rede in der **2. Person** stehen, erscheinen in der indirekten Rede in der 3. Person. Auch für die 2. Person werden die Pronomina *ille, illa* oder *is, ea* verwendet.

Merke:

1. In der indirekten Rede wird im **Lateinischen** nur die **3. Person** verwendet. Deshalb werden auch die 1. und die 2. Person durch Pronomina der 3. Person ausgedrückt.

2. In der indireken Rede wird im Deutschen stets der Konjunktiv verwendet, und zwar der sog. Konjunktiv I:
   Konjunktiv Präsens (Gegenwart)
   Konjunktiv Perfekt (Vergangenheit)
Nur wenn sich die betreffenden Verbalformen (meist in der 1. und 3. Person Plural) nicht vom Indikativ Präsens bzw. Perfekt unterscheiden, verwendet man den sog. Konjunktiv II:
   Konjunktiv Präteritum (Gegenwart)
   Konjunktiv Plusquamperfekt (Vergangenheit)
Diese Regel gilt für das Deutsche unabhängig davon, ob im Lateinischen der Konj. Präs. (bzw. Perf.) oder der Konj. Impf. (bzw. Plqpf.) steht.

W

cruciātus, -ūs	Marter, Qual	recēns, -entis	frisch, neu
nūtus, -ūs	Wink, Geheiß	experīrī, experior, expertus sum	versuchen, erfahren *(Experiment; Experte)*
barbarus, a, um	ausländisch, unzivilisiert, wild		

111 Indirekte Rede II

G

a) Caesar ad Ariovistum dīxit: — Cäsar (Sprecher im übergeordneten Satz) sagte zu Ariovist:

Direkt:

Nē oblītus sīs beneficia nostra! — Vergiß unsere Wohltaten nicht!

Indirekt:

Nē (ille) oblīvīscerētur beneficia sua! — Er solle nicht ihre Wohltaten vergessen!

Direkt:

Obsidēs redde! — Gib die Geiseln zurück!

Indirekt:

Obsidēs redderet! — Er solle die Geiseln zurückgeben!

6. Regel: **Hauptsätze**, die ein **Begehren** (Befehl, Aufforderung, Wunsch, Bitte, Rat) enthalten, stehen im Konjunktiv, meist ohne Einleitung durch *ut*. Die Verneinung ist immer *nē*.

b) Ariovistus Caesarī respondit:	Ariovist (Sprecher im übergeordneten Satz) antwortete Cäsar:
Direkt:	
Cūr in meās possessiōnēs venīs?	Warum kommst du in meine Besitzungen?
Indirekt:	
Cūr in suās possessiōnēs (ille) venīret?	Warum komme er in seine Besitzungen?

7. Regel: **Hauptsätze**, die eine **wirkliche Frage** enthalten (d.h. eine Frage, die an die 2. Person gerichtet ist), stehen im Konjunktiv.

c) Ariovistus Caesarī respondit:	Ariovist (Sprecher im übergeordneten Satz) antwortete Cäsar:
Direkt:	
Num quis dubitat, quīn Gallia Germānōrum sit?	Zweifelt etwa jemand, daß Gallien den Germanen gehört?
Indirekt:	
Num quem dubitāre, quīn Gallia Germānōrum esset?	Zweifle etwa jemand, daß Gallien den Germanen gehöre?

8. Regel: **Hauptsätze**, die eine **rhetorische Frage** enthalten, stehen im Aci, denn rhetorische Fragen haben fast stets den Sinn einer Aussage: *Num quis dubitat* ...? entspricht: *nēmō dubitat* ...

d) Direkt:	
Quis dubitet, quīn ...?	Wer kann wohl zweifeln, daß ...
Indirekt:	
Quis dubitāret, quīn ...?	Wer könne wohl zweifeln, daß ...?

9. Regel: **Fragen**, die schon in der direkten Rede im **Konjunktiv** (Potentialis, Deliberativ) stehen, bleiben im Konjunktiv, auch wenn sie als rhetorische Fragen aufgefaßt werden können: *Quis dubitet ...?* (Potentialis) entspricht: *nemo dubitet* ... (Potentialis).

W

cōnsulāris, -e (cōnsul)	konsularisch; Subst.: gewesener Konsul	remittere, -mittō, -mīsī, -missum	zurückschicken, nachlassen
prius *Adv.*	eher, früher		

Merke:

alicui bellum īnferre	mit jem. Krieg anfangen, jem. angreifen
habēre aliquem prō hoste	jem. als Feind betrachten, behandeln

112 Kausalsätze als Adverbiale

G a) Ideō gaudeō, quod mihi scrībis tē valēre. — Deswegen freue ich mich, weil (daß) du mir schreibst, es gehe dir gut.

Quī erant cum Aristotele, Peripatēticī[1] dictī sunt, quia disputābant ambulantēs. — Die Schüler des Aristoteles wurden Peripatetiker genannt, weil sie im Auf- und Abgehen diskutierten.

Kausalsätze haben die Funktion eines Adverbiales. Sie geben den Grund oder die Veranlassung für eine Tätigkeit, einen Vorgang oder einen Zustand an. Sie werden eingeleitet durch

quod	weil	mit Ind.
quia	weil	mit Ind.
quoniam	weil ja	mit Ind.

Im übergeordneten Satz findet sich häufig ein demonstrativer Begriff wie *eō, propterea, hanc ob causam, ideō* u. ä.
Kausalsätze stehen nach Verben der Gefühlsäußerung, des Lobens, Tadelns und Dankens, z. B.

- Verben der Gefühlsäußerung

gaudēre	sich freuen	mīrārī	sich wundern
glōriārī	sich rühmen		

- Verben des Lobens, Tadelns und Dankens

laudāre	loben	reprehendere	tadeln
vitiō dare, vitiō vertere	etwas als Fehler anrechnen	grātiam dēbēre	Dank schulden
		grātiam referre	Dank abstatten
crīminī dare	etwas zum Vorwurf machen	grātiās agere	Dank sagen

Quod-Sätze stehen den Aussagesätzen in der Funktion eines Objekts nahe, wenn *quod* durch ‚daß' wiedergegeben werden kann (vgl. G107 e).

b) Catō mīrārī sē āiēbat, quod nōn rīdēret haruspex, haruspicem cum vīdisset. — Cato sagte, er wundere sich, daß (weil) ein Haruspex nicht lächle, wenn er einen anderen Haruspex sehe.

Indikativische Kausalsätze in der Funktion eines Adverbiales stehen im Konjunktiv, wenn sie innerlich abhängig sind (vgl. auch G107 g).

1) von griech. *peripatein* umhergehen, wandeln

c) Convenīre tē cum nōn potuissem, epistulam ad tē scrīpsī. — Weil ich dich nicht besuchen konnte (hatte ... können), habe ich dir einen Brief geschrieben.

Kausalsätze in der Funktion eines Adverbiales stehen im Konjunktiv, wenn sie eingeleitet werden durch

cum *(cum causāle)*	da
quippe cum	da ja
praesertim cum	besonders da

W

sonus, -ī	Ton, Laut *(Kon-sonant)*	sēnsus, -ūs (sentīre)	Empfindung, Sinn, Denken
somnus, -ī	Schlaf *(somn-ambul)*	diuturnus, a, um (diēs)	lang(dauernd)
odor, -ōris m.	Geruch	comparāre	bereiten, beschaffen
calor, -ōris m.	Wärme, Hitze *(Kalorie)*	obtinēre (tenēre)	1. festhalten 2. behaupten
interpres, -ĕtis m.	Vermittler, Übersetzer	patefacere	öffnen, aufdecken
haruspex, -spicis m.	Opferbeschauer, Zeichendeuter	quippe *Adv.*	freilich, ja
ictus, -ūs	Hieb, Stoß		

113 Finalsätze als Adverbiale / Konsekutivsätze als Adverbiale

Umstandsbestimmung

G

a) Lēgibus ideō omnēs servīmus, ut līberī esse possīmus. — Darum dienen wir alle den Gesetzen, damit wir frei sein können/..., um frei sein zu können.

Tacēre cōnsuēvī, nē cui molestus sim loquendō. — Ich habe mir angewöhnt zu schweigen, um keinem durch Reden lästig zu fallen.

gibt Zweck an

Finalsätze haben die Funktion eines Adverbiales (vgl. G19g). Sie bezeichnen die mit einer Tätigkeit verbundende Absicht und werden eingeleitet durch

ut	damit
nē	damit nicht
nē quis	damit niemand
ut eō magis / **quō magis**	damit um so mehr, damit desto mehr (auch andere Komparative)

Zu den Verneinungen vgl. G109a.
Im übergeordneten Satz weist häufig ein demonstrativer Begriff auf den Finalsatz hin, z. B.

eō, ideō, ob eam causam	darum
eō cōnsiliō, eā mente	in der Absicht
eā condiciōne, eā lēge	unter der Bedingung

Finalsätze stehen immer im Konjunktiv.

b) Nihil tam arduum est, ut hominēs nōn temptent/ quod hominēs nōn temptent/ quīn hominēs temptent.	Nichts ist so schwierig, daß es die Menschen nicht versuchten.
Aristīdēs iūstior erat, quam ut invidiam vulgī effugere posset.	Aristeides war zu gerecht, als daß er der Mißgunst der Masse hätte entgehen können.

Konsekutivsätze können die Stelle eines Adverbiales füllen (vgl. G107b). Als Konjunktionen finden sich

ut	daß, so daß
ut nōn	daß nicht, so daß nicht
maior quam ut	zu groß, als daß (auch andere Komparative)
quīn[1]	daß nicht (nach Negation im übergeordneten Satz)

Konsekutivsätze stehen immer im Konjunktiv.

Wenn der übergeordnete Satz verneint ist oder einen Komparativsatz (vgl. G118) enthält, wird im Deutschen oft der irreale Konjunktiv verwendet.

c) Wenn der übliche Ausdruck durch einen bildlichen ersetzt wird, spricht man von **Metápher** (von griech. *metaphorá* Übertragung). Der übliche Ausdruck ‚er kämpfte tapfer in der Schlacht' kann bildlich formuliert werden: ‚er war ein Löwe in der Schlacht'. Der Metapher liegt meist ein **Vergleich** zugrunde (‚er hat gekämpft wie ein Löwe'). Bei der Metapher werden jedoch im Gegensatz zum Vergleich zwei Bereiche ohne ‚wie' *(tamquam, quasi)* zueinander in Beziehung gesetzt.

W

vulgus, -ī n.	die (breite) Masse, Menge, Volk
vallum, -ī	Wall, Verschanzung
frōns, frontis f.	Stirn, Vorderseite *(Front)*
lūbricus, a, um	schlüpfrig, unsicher, (leicht) beweglich
arduus, a, um	steil (aufragend), schwierig
mōbilis, -e (movēre)	beweglich, unbeständig *(mobil)*
tenuis, -e	dünn, schwach, gering
mollis, -e	weich, weichlich, mild *(Moll)*
latēre, lateō, latuī	verborgen sein *(latent)*
vestīre (vestis)	bekleiden *(in-vestieren)*
contrahere, -trahō, -trāxī, -tractum	zusammenziehen
dispōnere, -pōnō, -posuī, -positum	verteilen, ordnen *(disponieren)*

1) *quīn* steht hier im Sinn von *quī nōn, quae nōn, quod nōn* (vgl. G119d2).

114 Temporalsätze als Adverbiale I
Infinitiv Futur Passiv

G **Temporalsätze** haben stets die Funktion eines Adverbiales. Ihre Bedeutung ist jedoch unterschiedlich: sie können

- ein Zeitverhältnis
- einen Zeitpunkt (vgl. G115a)
- die Häufigkeit (vgl. G115b) oder die Dauer (vgl. G115c) einer Tätigkeit oder
- die Unverzüglichkeit der Abfolge zweier Tätigkeiten oder Vorgänge

angeben.

a) **Zeitverhältnis**

1. Caesar postquam in Trēverōs vēnit, Rhēnum trānsīre cōnstituit.	Nachdem Cäsar ins Land der Treverer gekommen war, beschloß er, den Rhein zu überschreiten.

Die Vorzeitigkeit einer Tätigkeit oder eines Vorgangs wird bezeichnet durch die Konjunktionen

postquam / **posteāquam**	nachdem (mit Ind. Perf.)
cum *(cum historicum)*	als (mit Konj. Plqpf.)

2. Dum Caesar nāvēs parat, lēgātī ad eum vēnērunt.	Während Cäsar Schiffe ausrüsten ließ, kamen Gesandte zu ihm.
Cum Caesar ... parāret, ... vēnērunt.	Als Cäsar ... ausrüsten ließ, kamen ...

Die Gleichzeitigkeit einer Tätigkeit oder eines Vorgangs wird bezeichnet durch die Konjunktionen

dum	während (mit Ind. Präs.)
cum *(cum historicum)*	als (mit Konj. Impf.)

Merke: *dum* ‚während' wird im Lateinischen stets mit Ind. Präs. verbunden.

3. Membrīs ūtimur, priusquam didicimus, cuius ūtilitātis causā ea habeāmus.	Wir machen von unseren Gliedmaßen Gebrauch, ehe wir gelernt haben, zu welchem Zweck wir sie haben.

Die Nachzeitigkeit einer Tätigkeit oder eines Vorgangs wird bezeichnet durch die Konjunktionen

antequam (*auch* ante ... quam) / **priusquam** (*auch* prius ... quam)	ehe, bevor

Sie werden in der Regel mit dem Indikativ verbunden.

b) **Unverzüglichkeit der Abfolge**

1. Simul aliquid audīverō, scrībam ad tē.	Sobald ich etwas höre, werde ich dir schreiben.
Haud dēsinam, dum opus perfēcerō.	Ich werde (solange) nicht aufhören, bis ich das Werk vollendet habe.

Die unverzügliche Abfolge einmaliger Ereignisse kennzeichnen Konjunktionen wie

cum / **ut** / **ubī** (**prīmum**)	sobald
ut	sobald
ubī	sobald
simul, simulatque	sobald
dum	bis, solange bis

Diese Konjunktionen werden in der Regel mit dem Indikativ verbunden.

2. Cēnābāmus apud amīcum, cum tumultus ortus est.	Wir speisten gerade bei einem Freund, als eine Unruhe ausbrach (..., da brach eine Unruhe aus).

Bei Gliedsätzen, die durch

cum *(cum inversīvum)*	als, da

eingeleitet werden, ist das Verhältnis von Haupthandlung und Nebenhandlung ‚umgekehrt'. Der Hauptsatz gibt die Nebenhandlung, d. h. die bestehende Situation an, der *cum*-Satz die neu eintretende Haupthandlung. Im Deutschen wird der *cum*-Satz entweder durch einen Gliedsatz mit ‚als' wiedergegeben oder durch einen mit ‚da' eingeleiteten Hauptsatz.

3. Ut quisque mē vīderat, mihi dē Verris avāritiā nārrābat.	Sowie (sooft) mich einer sah, erzählte er mir von der Habgier des Verres (sagt Cicero).

Die unverzügliche Abfolge wiederholter Ereignisse kennzeichnen Konjunktionen wie

ut / **ubī** / **simul, simulatque**	sowie, sooft

Sie werden mit dem Ind. Plqpf. verbunden.

c) Spērāmus haec opera mox cōnfectum īrī.	Wir hoffen, daß diese Werke bald vollendet werden.

Der **Infinitiv Futur Passiv** wird gebildet mit dem Supin auf *-um* (ursprünglich der Akk. eines Verbalsubstantivs) und dem Inf. Präs. Pass. *īrī*.

cōnfectum īrī	(in der Zukunft) vollendet werden

Der Inf. Fut. Pass. wird nur selten verwendet.

W

spēlunca, -ae	Höhle *(Spelunke)*	habitus, -ūs (habēre)	1. Zustand, Aussehen 2. Kleidung
socordia, -ae (cor)	Sorglosigkeit, Schlaffheit	ictus, a, um	geschlagen, getroffen
nātus, nāta	Sohn, Tochter	subitus, a, um	plötzlich
Iove nātus	Sohn des Jupiter (vgl. G 97d)	dēdicāre	weihen, widmen
pābulum, -ī	Futter, Nahrung	inclūdere, -clūdō, -clūsī, -clūsum	einschließen
vestīgium, -ī	Fußstapfe, Spur, Stelle	porrō *Adv.*	weiter(hin), ferner
pulchritūdō, -inis f.	Schönheit	nequīquam *Adv.*	vergeblich
ōmen, -inis n.	Vorzeichen *(ominös)*		
rītus, -ūs	1. (religiöser) Brauch 2. Sitte, Art *(Ritus; Ritual)*		

115 Temporalsätze als Adverbiale II
Modalsätze als Adverbiale

G a) **Zeitpunkt**

Cum Caesar in Galliam vēnit, ibī duae factiōnēs erant. — Als Cäsar nach Gallien kam, gab es dort zwei Parteien.

Den Zeitpunkt einer Handlung markiert die Konjunktion

cum *(cum relātīvum* oder *temporāle)* { dann, wenn / damals, als / seitdem

Sie wird mit dem Indikativ verbunden.

b) **Häufigkeit**

Mē, cum rūrī sum (quotiēns rūs vēnī), nihil agere dēlectat. — Sooft ich auf dem Land bin (aufs Land komme), macht mir das Nichtstun Spaß.

Die Häufigkeit bzw. Wiederholung von Ereignissen kennzeichnen die Konjunktionen

quotiēns / **cum** *(cum iterātīvum)* } sooft / jedesmal, wenn

Sie werden mit dem Indikativ verbunden.

c) **Dauer**

Hominī aegrō, dum anima est, spēs est. — Für einen Kranken besteht Hoffnung, solange er noch atmet.

Die Dauer von Tätigkeiten, Vorgängen oder Zuständen kennzeichnen die Konjunktionen

dum, **dōnec**, **quamdiū** } solange (als)

Sie werden mit dem Indikativ verbunden.

Das Satzmodell mit einem Temporalsatz als Adverbiale

Hominī aegrō, dum anima est, spēs est. — Für einen Kranken besteht Hoffnung, solange er noch atmet.

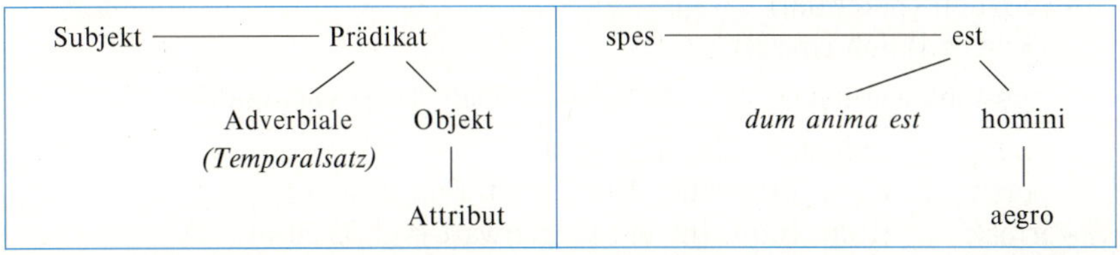

d) Cum tacēmus, cōnsentīmus. — Dadurch, daß wir schweigen, stimmen wir zu.

Modalsätze haben die Funktion eines Adverbiales. Sie geben die Art und Weise an, in der eine Tätigkeit ausgeführt wird oder ein Vorgang sich vollzieht.
Modalsätze werden eingeleitet durch die Konjunktion

cum *(cum explicātīvum)* { indem / dadurch, daß / wenn

Sie wird mit dem Indikativ verbunden.

W

tuba, -ae	Trompete *(Tube)*
rēs familiāris	das Hauswesen, das Vermögen
sēcūrus, a, um (cūra)	sorglos, unbekümmert
acerbus, a, um	bitter, herb, hart
expedītus, a, um	unbehindert, leichtbewaffnet, einsatzbereit
expedīre (pēs)	1. befreien 2. erledigen 3. bereitmachen *(Expedition)*
excūsāre (causa)	entschuldigen, vorschützen
morārī (mora)	1. verweilen 2. aufhalten (trans.)
atquī	aber doch, nun aber

116 Konditionalsätze als Adverbiale

G a) Sī hoc crēdis, errās. — Wenn du dies glaubst, irrst du.
Sī hoc crēdās, errēs. — Falls du dies glauben solltest, irrst du wohl.
Sī hoc crēderēs, errārēs. — Wenn du dies glaubtest, würdest du irren.

Konditionalsätze haben die Funktion eines Adverbiales. Sie drücken eine Bedingung aus; die aus dieser sich ergebende Folgerung ist im übergeordneten Satz formuliert.
Die Aussagen im übergeordneten Satz und dementsprechend auch die im Konditionalsatz ausgesprochene Bedingung können als

- wirklich (real)
- möglich (potential)
- nicht wirklich (irreal)

hingestellt werden. Folgende Modi werden dabei verwendet:

- real: Indikativ aller Tempora
- potential: Konj. Präs. oder Konj. Perf. (vgl. G 67 c)
- irreal: Konj. Impf. für die Gegenwart (vgl. G 20 a)
  Konj. Plqpf. für die Vergangenheit (vgl. G 32 d).

Konditionale Gliedsätze werden eingeleitet durch

sī	wenn, falls
quod sī	wenn nun, wenn aber
nisi	wenn nicht, außer wenn
quod nisi	wenn aber nicht, wenn nun nicht

Wenn ein einzelnes Wort verneint ist, steht *sī nōn.*

b) Nisi in bonīs amīcitia esse nōn potest. — Freundschaft kann es nur unter guten Menschen geben (... außer unter guten Menschen nicht geben).

Wenn eine Aussage eingeschränkt wird, steht oft eine Negation in Verbindung mit *nisi*:

nōn, nēmo, nihil ... nisi	nur, außer

c) Sī nōn omnēs, at certē optimī tibi assentientur. — Wenn nicht alle, so werden dir doch sicher die Besten zustimmen.

Wenn eine gegensätzliche Bedingung formuliert wird, so finden sich als Konjunktionen

sī nōn	wenn nicht
sī minus	wenn nicht, andernfalls
sīn / **sīn autem**	wenn aber

d) Homō scelestus damnātur ā iūdicibus, nisi forte sunt scelestī ipsī.

Ein Verbrecher wird von den Richtern verurteilt, es müßte denn sein, daß diese selbst Verbrecher sind.

Wenn eine Aussage korrigiert werden soll, findet sich

nisi forte **nisi vērō**	es müßte denn sein, daß

Beide Konjunktionen werden mit dem Indikativ verbunden.

e) Summās laudēs merentur Athēniensēs, dummodo nē tam levēs fuissent.

Die Athener verdienen höchstes Lob, wenn sie nur nicht so leichtfertig gewesen wären.

Wenn mit der Bedingung ein Wunsch verknüpft ist, wird dieser durch die Konjunktionen

dum **dummodo** **modo**	wenn nur, wenn bloß

eingeleitet. Sie werden mit dem Konjunktiv verbunden, die Verneinung erfolgt durch *nē* (Wunsch!).

f) Veniet tempus mortis, sīve retractābis sīve properābis.

Der Augenblick des Todes wird kommen, sei es daß du ihn verzögerst oder beschleunigst (..., magst du ihn verzögern oder beschleunigen).

Werden zwei Bedingungen zur Wahl gestellt, so findet sich die Konjunktion

sīve (seu) - **sīve** (seu)	sei es daß - oder daß

Sie wird mit dem Indikativ verbunden.

g) Das **Polysýndeton** (von griech. *polysýndetos* vielfach verbunden) ist der Gegensatz zum Asyndeton (vgl. G 90 d). Hier werden mehrere Wörter, Wortgruppen oder Sätze durch jeweils dieselbe Konjunktion verbunden, z. B. ‚Und wiegen und tanzen und singen dich ein' (Goethe, Ballade ‚Erlkönig'). Durch diese auffällige Art der Verknüpfung werden die so verbundenen Ausdrücke besonders hervorgehoben:
Quam beatus esset humanarum rerum status, si per totum orbem mansuetudo et pietas et pax et innocentia et aequitas et temperantia et fides moraretur! (L 116, 5 ff.)

W

temperantia, -ae (temperāre)	Mäßigung, Selbstbeherrschung	innocēns, -entis (nocēre)	unschuldig, uneigennützig
dissēnsiō, -ōnis f. (dissentīre)	Meinungsverschiedenheit, Streit *(Dissens)*	generāre (genus)	erzeugen *(Generator; Generation)*
aequitās, -ātis f. (aequus)	Gleichheit, Billigkeit, Gerechtigkeit	spondēre, spondeō, spopondī, spōnsum	geloben, versprechen
status, -ūs (stāre)	Stellung, Zustand, Verfassung *(Staat; Status)*	dormīre	schlafen
gradus, -ūs (in-gredī)	1. Schritt 2. Stufe, Rang *(Grad)*	expetere, éxpetō, expetīvī, expetītum	erstreben

117 Konzessivsätze als Adverbiale
Adversativsätze als Adverbiale

G

a) Cicerō quamquam optimē dē rē pūblicā erat meritus, tamen patriā expulsus est. — Obwohl Cicero sich um den Staat sehr verdient gemacht hatte, wurde er dennoch aus dem Vaterland vertrieben.

Konzessivsätze haben die Funktion eines Adverbiales. Sie formulieren ein tatsächlich oder angenommenes Zugeständnis, zu dem der Gedanke des übergeordneten Satzes im Gegensatz steht. Sie werden eingeleitet durch die Konjunktionen

quamquam	obwohl, obgleich
tametsī, **etsī**	wenngleich, auch wenn

und stehen im Indikativ.

Im übergeordneten Satz stehen oft parataktische Konjunktionen wie *tamen, attamen* oder Adverbien wie *certē.* Sie weisen auf den konzessiven Sinn des Satzgefüges hin.

b) Quamquam, quid loquor? — Indes, was rede ich?

Quamquam kann auch am Anfang eines Hauptsatzes stehen und einen vorausgehenden Gedanken berichtigen. Es wird mit ‚indes' übersetzt.

c) Licet multa perīcula impendeant, omnia subībō.	Mögen auch viele Gefahren drohen: ich werde sie alle auf mich nehmen.

Konzessivsätze können auch durch Konjunktionen mit dem Konjunktiv eingeleitet werden, z. B.

ut	gesetzt, daß; wenn auch
licet	angenommen, mag auch
quamvīs	wenn auch noch so sehr wie sehr auch, obgleich
cum *(cum concessīvum)*	obgleich, obschon

d) Ager quamvīs fertilis sine cultūrā frūgēs ferre nōn potest.	Ein noch so fruchtbarer Acker kann ohne Pflege keine Früchte hervorbringen.

Quamvīs steht bei Adjektiven und Adverbien in der Bedeutung ‚noch so'. Es vertritt einen Konzessivsatz (hier: ... *quamvīs fertilis sit,* ... mag er noch so fruchtbar sein).

e) Homō sōlus ratiōnis particeps est, cum cētera animālia sint omnia expertia.	Der Mensch allein besitzt Vernunft, während (dagegen) alle übrigen Lebewesen keine haben.

Adversativsätze haben die Funktion eines Adverbiales. Sie formulieren einen Gegensatz zur Aussage des übergeordneten Satzes, ohne (wie die Konzessivsätze) ein Zugeständnis zu machen. Sie werden eingeleitet durch

cum *(cum adversātīvum)*	während (dagegen)

und stehen im Konjunktiv.

W

cultūra, -ae (colere)	Anbau, Pflege	tractāre (trahere)	behandeln, besprechen *(traktieren)*
lentus, a, um	langsam, lässig, zäh	cōnsultāre (cōnsulere)	befragen, beratschlagen *(konsultieren)*
fertilis, -e (ferre)	fruchtbar, ergiebig		

118 Komparativsätze als Adverbiale

G a) **Vergleiche im Positiv**

1. Nēmō tam sapiēns fuit quam Sōcratēs. — Niemand war so weise wie Sokrates.
   Idem sentiō quod tū. — Ich habe dieselbe Ansicht wie du.
   Cicerō tam ēloquēns quam sapiēns fuit. — Cicero war ebenso beredt wie weise.

Der Positiv wird beim Vergleich verwendet, wenn die verglichenen Eigenschaften oder Aussagen gleich groß sind oder in gleicher Weise gelten. Ein solcher Vergleich wird durch zwei korrespondierende Begriffe ausgedrückt, z. B.

īdem .... quī	derselbe........ wie
tālis .... quālis	ein solcher..... wie
tantus .... quantus	so groß......... wie
tantum .... quantum	so viel .... wie
tot .... quot	so viele .... wie
item.......... quemadmodum	ebenso .... wie
ita (sīc) ...... ut (sīcut)	so .... wie
tam .... quam	so .... wie

2. Ōrātōrēs quīdam nōn tam sapientēs quam ēloquentēs sunt. — Manche Redner sind nicht so sehr weise als vielmehr wortgewandt.
   Cicerō nōn minus ēloquēns quam sapiēns fuit. — Cicero war nicht weniger wortgewandt als weise/Cicero war ebenso wortgewandt wie weise.

Der Positiv wird beim Vergleich auch verwendet, wenn von den verglichenen Eigenschaften oder Aussagen die eine in höherem Maße gilt als die andere. Als Konjunktionen werden verwendet

nōn tam ..... quam	nicht so sehr ... als vielmehr
nōn minus ... quam	nicht weniger ... als / ebenso(sehr) .... wie

3. Eadem (nōn alia) dīxī ac tū. — Ich habe dasselbe (nichts anderes) gesagt wie (als) du.
   Nōnnūllī hominēs longē aliter (contrā) loquuntur ac sentiunt. — Manche Menschen reden völlig anders als sie denken.

Nach Adjektiven oder Adverbien, die eine Gleichheit und Ähnlichkeit (oder deren Gegenteil) bedeuten, steht als Konjunktion

atque, ac	wie, als

Solche Ausdrücke sind

īdem .... atque, ac	
aequus .... atque, ac	aequē .... atque, ac
pār .... atque, ac	pariter .... atque, ac
alius .... atque, ac	aliter .... atque, ac
similis .... atque, ac	contrā .... atque, ac

b) **Vergleiche im Komparativ**

Sōcratēs sapientior fuit quam omnēs philosophī.	Sokrates war weiser als alle Philosophen.
Ōrātōrēs quīdam ēloquentiōrēs fuērunt quam sapientiōrēs.	Manche Redner waren mehr wortgewandt als weise.
Quantō plūra parāstī, tantō plūra cupis.	Je mehr du erworben hast, um so mehr willst du.

Der Komparativ wird beim Vergleich verwendet, wenn von den verglichenen Eigenschaften oder Aussagen die eine in höherem Maße gilt als die andere. Wenn bei zwei verglichenen Eigenschaften oder Aussagen beide in gleichem Maße gelten, stehen als Konjunktionen

quō ... eō
quantō ... tantō } je ... desto (vgl. G 101b)

Zum Ablativus comparationis in der Funktion einer parataktischen Konjunktion vgl. G 98a.

c) **Vergleiche im Superlativ**

Sōcratēs sapientissimus omnium philosophōrum fuit.	Sokrates war der weiseste aller Philosophen.
Ut quisque est doctissimus, ita est modestissimus.	Je gelehrter einer ist, desto bescheidener ist er.

Der Superlativ wird beim Vergleich verwendet, wenn eine Eigenschaft oder Aussage im Vergleich mit anderen am höchsten bewertet wird.
Bei einem Vergleich von zwei gleichwertigen Eigenschaften oder Aussagen werden als Konjunktionen auch verwendet:

ut ... ita *(mit Superlativ)* { in dem Maß wie ... so / je ... desto

d) **Andere Arten des Vergleichs**

Fuga ad Alliam sīcut urbem prōdidit, ita exercitum servāvit.	Die Flucht an der Allia gab zwar die Stadt Rom preis, rettete aber das Heer.
Aristīdēs iūstior erat, quam ut invidiam vulgī effugere posset.	Aristeides war zu gerecht, als daß er der Mißgunst der Masse hätte entgehen können.
Sīc loqueris dē hāc rē, quasi ipse affueris.	Du sprichst über diesen Fall so, als ob du selbst zugegen gewesen wärest.

Korrespondierende Konjunktionen werden auch bei Vergleichen verwendet, bei denen dem Vergleichsglied die Funktion eines Adverbiales zukommt. Solche Konjunktionen sind

ut … sīc / **ut (sīcut) … ita**	zwar … aber (Gegensatz)
Komparativ + **quam ut**	‚zu' + Positiv … als daß (Folge; vgl. G 113b)
quasi / **tamquam (sī)** / **ut sī, velut sī**	wie wenn, (gleich) als ob (Bedingung)

W

cōgitātiō, -ōnis f. (cōgitāre)	Denken, Gedanke, Erwägung	ēloquēns, -entis (ēloquentia)	beredt, redegewandt
mōlēs, -is f. (mōlīrī)	1. Last 2. Masse 3. Damm *(Mole)*	quemadmodum *Adv.*	auf welche Weise, wie
obvius, a, um (obviam)	begegnend, entgegenkommend		

119 Relativsätze als Adverbiale

G a) Ad Caesarem Haeduōrum lēgātī vēnērunt, quī auxilium peterent (final).

Zu Cäsar kamen Gesandte der Häduer, die um Hilfe bitten sollten (…, um Hilfe zu erbitten. … mit der Bitte um Hilfe).

Relativsätze, die **im Konjunktiv** stehen, können die Funktion eines Adverbiales haben.
Welche Bedeutung das Adverbiale jeweils hat, läßt sich nur aus dem Zusammenhang des Textes entscheiden.
Relativsätze in der Funktion eines Adverbiales können einen **finalen** Sinn erhalten. Sie haben die gleiche Bedeutung wie ein Finalsatz, der ebenfalls die Stelle eines Adverbiales füllt:

quī … peterent im Sinne von ut (iī) … peterent

b) Numquam ego mē nōn fēlīcem dīxerim, quae Gracchōs pepererim (kausal).

Niemals werde ich mich wohl unglücklich nennen, die ich (= da ich) die Gracchen geboren habe (sagt Cornelia, die Mutter der Gracchen).

Relativsätze in der Funktion eines Adverbiales können auch einen **kausalen** Sinn erhalten:

quae … pepererim im Sinne von cum … pepererim

c) Catō, quī Graecōs contemneret, tamen senex litterās Graecās didicit (konzessiv).	Cato, der die Griechen verachtete, lernte trotzdem noch als alter Mann Griechisch (obwohl Cato ... verachtete, ...).

Relativsätze in der Funktion eines Adverbiales können auch **konzessiven** Sinn haben:

quī ... contemneret im Sinne von	quamvīs ... contemneret

d) 1. Non is sum, quī perīculīs terrear (konsekutiv).	Ich bin nicht der Mann, der sich durch Gefahren einschüchtern läßt/ließe.

Relativsätze in der Funktion eines Adverbiales haben einen **konsekutiven** Sinn, wenn im übergeordneten Satz ein Pronomen oder Adverb steht, das auf einen Konsekutivsatz hinweist.

2. Nēminem cognōvī poētam, quīn ipse optimus sibi vidērētur.	Ich kenne keinen Dichter, der sich selbst nicht für den besten hielte.

In einem negierten Relativsatz mit **konsekutivem** Sinn findet sich häufig anstelle von *quī nōn, quae nōn, quod nōn* (im Sinne von *ut nōn*) die Konjunktion **quīn**.

3. Sunt, quī, quod sentiunt, non audeant dīcere.	Es gibt Leute, die nicht zu sagen wagen, was sie denken.

Ein **konsekutiver** Relativsatz in der Funktion eines Adverbiales findet sich auch nach bestimmten Wendungen, z. B.

sunt, quī ...	es gibt Leute, die ... (Leute von solcher Art, daß sie ...)
inveniuntur, reperiuntur, quī ...	es finden sich Leute, die ...
quis est, quī ...?	wo gibt es einen, der ...?
nēmō est, quī ...	es gibt keinen, der ...
nōn est, quod ...	es besteht kein Grund, daß ...

e) Dīgnī estis, quibus fidēs habeātur.	Ihr verdient es, daß man euch Glauben schenkt.

Ein **konsekutiver** Relativsatz steht auch nach

dīgnus	würdig
aptus, idōneus	geeignet

f) Plīnius perīre omne tempus arbitrābātur, quod studiīs nōn impenderētur (konditional; vgl. L 103, 15 f.).	Plinius glaubte, daß jede Zeit verloren sei, die nicht auf wissenschaftliche Studien verwendet werde.

Die Funktion eines Adverbiales hat auch ein Relativsatz mit **konditionalem** Sinn:

quod ... nōn impenderētur im Sinne von	nisī ... impenderētur

W

lūna, -ae	Mond
tenebrae, -ārum	Finsternis, Dunkelheit
astrum, -ī	Gestirn
peccātum, -ī (peccāre)	Vergehen, Versehen
oriēns, -entis m. (orīrī)	Osten, Morgenland (eigtl. ‚aufgehende Sonne')
occidēns, -entis m. (occidere)	Westen, Abendland (eigtl. ‚untergehende Sonne')
sempiternus, a, um (semper)	ewig
interīre (īre)	untergehen, umkommen
scīlicet (*aus* scīre licet) *Adv.*	1. offenbar, natürlich 2. nämlich

120 Verschränkte Relativsätze

G

a) Cicerō, quem prīncipem ōrātōrum Rōmānōrum fuisse cōnstat, prōscrīptus est. — Cicero, von dem bekannt ist, daß er der bedeutendste römische Redner war, wurde auf die Proskriptionsliste gesetzt.

Der Relativsatz kann mit einem Aci eine besonders enge syntaktische Verbindung eingehen: man nennt sie **relativische Verschränkung**. Bei dieser hängt vom Prädikat des Relativsatzes ein Aci ab; das Relativpronomen wird Bestandteil des Aci:

Cicerō,

quem prīncipem … (eum) fuisse cōnstat,

prōscrīptus est.

Da die deutsche Sprache die Verschränkung eines Relativsatzes mit einem Aci nicht kennt, ist eine gewisse Fertigkeit nötig, mit der man diese Verschränkung auflöst und übersetzt:

1. Der Relativsatz wird beibehalten:
Cicero, von dem bekannt ist, daß er …

2. Eine relativische Verschränkung mit einem Aci kann man auch als relativen Satzanschluß auffassen (vgl. G 64a) und mit Hilfe eines Demonstrativ- oder eines Personalpronomens übersetzen. Dabei wird der Relativsatz in den übergeordneten Satz als Parenthese (d. h. als eingeschobener Satz oder Satzteil) eingesetzt, wenn er, als relativer Satzanschluß aufgefaßt, nicht mehr Gliedsatz ist:

Cicero – er war bekanntlich (*oder* wie bekannt ist) der bedeutendste römische Redner – wurde auf die Proskriptionsliste gesetzt.

3. Bei der relativischen Verschränkung mit Aci sind auch andere Möglichkeiten der Übersetzung im Deutschen sprachlich einwandfrei, z. B.

Cicero, der – wie bekannt ist – der bedeutendste römische Redner war, ... *(Parenthese).*
Cicero, der bekanntlich der bedeutendste römische Redner war, ... *(Adverb).*

b) Themistoclēs, quī quam bene dē patriā meritus sit scīmus, exul mortuus est.	Themistokles, von dem wir wissen, wie sehr er sich um seine Heimat verdient gemacht hat, ist als Verbannter gestorben.

Der Relativsatz kann auch mit einem ihm untergeordneten Gliedsatz, z. B. einem abhängigen Fragesatz, eine relativische Verschränkung bilden. Bei dieser hängt vom Relativsatz ein weiterer Gliedsatz ab; das Relativpronomen wird in den untergeordneten Satz gezogen und sein Kasus an dessen Konstruktion angepaßt:

Themistoclēs,

quī quam bene (is) dē patriā meritus sit scīmus,

exul mortuus est.

Auch bei dieser Art der Verschränkung ist eine der deutschen Sprache angemessene Übersetzung zu erarbeiten. Folgende Möglichkeiten bieten sich an:

1. Der Relativsatz wird beibehalten:

Themistokles, von dem wir wissen, wie sehr er ...

2. Freier ist eine parataktische Übersetzung der Verschränkung.
Der Relativsatz wird wieder als relativer Satzanschluß aufgefaßt und demonstrativ bzw. mit Hilfe eines Personalpronomens übersetzt:

Themistokles ist als Verbannter gestorben. Wir wissen, wie sehr er sich um seine Heimat verdient gemacht hat.

3. Der Relativsatz wird in den übergeordneten Satz als Parenthese eingeschoben, wenn er, als relativer Satzanschluß aufgefaßt, nicht mehr Gliedsatz ist:

Themistokles – wir wissen, wie sehr er sich um seine Heimat verdient gemacht hat – ist als Verbannter gestorben.

W

disciplīna, -ae (discipulus)	Lehre, (wissenschaftliches) Fach, Zucht	sepulcrum, -ī	Grab, Grabmal
historia, -ae	Forschung, Geschichte, Geschichtszeugnis *(Historie; historisch)*	centuriō, -ōnis m. (centum)	Hauptmann (einer Hundertschaft)
scrīptum, -ī (scrībere)	Schrift(werk), schriftliche Arbeit	ūnicus, a, um	einzig, einzigartig
		īnfīnītus, a, um (fīnīre)	unbegrenzt, unbestimmt *(Infinitiv)* →

plānus, a, um	1. flach, eben 2. deutlich *(planieren)*
plānē *Adv.*	1. völlig 2. deutlich
praedicāre (dīcere)	ausrufen, rühmen *(Prädikat; predigen)*
irrumpere, irrumpō, irrūpī, irruptum (rumpere)	einbrechen, eindringen

W Petrarcabrief

māteria, -ae (*u.* -iēs, -ēī) (māter)	1. Stoff, (Bau-)Holz 2. Ursache *(Materie)*
mīrāculum, -ī (mīrārī)	Wunder, Wunderding *(Mirakel)*
ārdor, -ōris m. (ārdēre)	Glut, Leidenschaft
grandis, -e	1. groß 2. alt
stupēre, stupeō, stupuī	stutzen, staunen *(stupid)*
concipere, -cipiō, -cēpī, -ceptum (capere)	empfangen, erfassen *(konzipieren; Konzept)*

Lateinisch-deutsches Wörterverzeichnis

Zahlenangaben verweisen auf den entsprechenden Wortschatz- bzw. Grammatikteil der Teilbände „Grammatik und Wortschatz“ I (1–70) und II (71–120).

a, ab *Präp. mit Abl.*	von, von - her, von - aus 12
abdere	verbergen 65
abducere	wegführen, abbringen 62
abesse	abwesend sein, entfernt sein 12
abire	weggehen 36
absens, -entis	abwesend, in Abwesenheit 77
absolvere	freisprechen, vollenden 85
abstinēre	sich enthalten 25
abundare	überfließen, reich sein 30
ac	und (dazu) 21 wie, als *(zur Bezeichnung der Gleichheit, Ähnlichkeit, Verschiedenheit)* 118
accedere	heranrücken, hinzutreten 62
accendere	anzünden, entflammen 67
accidere	zustoßen, sich ereignen 65
accidit	es ereignet sich, tritt ein 65
accipere	annehmen, empfangen, vernehmen 68, 69
accusare	anklagen 25
acer, acris, acre	scharf, heftig, spitzig 41
acerbus	bitter, herb, hart 115
acies, -ei	Schärfe; Kampflinie, Schlacht 21
ad *Präp. mit Akk.*	zu (hin), an, bei; bis (zu) 12, 84
addere	hinzufügen 65
adducere	hinführen, veranlassen 61
adeo	so sehr 10
adesse	anwesend sein, helfen 12
adhibēre	anwenden, beiziehen 6, 25
adhuc	bis jetzt, immer noch 34
adicere	hinzufügen 91
adimere	wegnehmen, an sich nehmen 66
adipisci	erreichen, erringen 74
adire	herantreten, aufsuchen, auf sich nehmen 50

adiuvare	unterstützen, helfen 14
administrare	verwalten, verrichten 22
admirari	sich wundern, bewundern 78
admiratio, -onis *f.*	Bewunderung 34
admittere	zulassen 62
admodum	ganz, ziemlich 50
admonēre	(er)mahnen, ermutigen 6
adoptare	(als Kind) annehmen 95
adoriri	angreifen 72
adulescens, -entis *m.*	der Jugendliche; *Adj.*: jung 50
adulescentia	Jugend(zeit) 97
adventus, -us	Ankunft 40
adversarius	Gegner 82
adversus	widrig, ungünstig 21
adversus *Präp. mit Akk.*	gegenüber, gegen (feindlich oder freundlich) 87
advocare	herbeirufen 12
advolare	herbeieilen 6
aedificare	(er)bauen 10
aedificium	Gebäude 10
aedilis, -is *m.*	Ädil (Aufsichtsbeamter) 85
aedis, -is *f.*	Tempel 46
aedes, -ium *f.*	Haus 46
aeger, aegra, aegrum	krank 13
aequalis, -e	gleichaltrig; *Subst.*: Altersgenosse, Zeitgenosse 72
aequare	gleichmachen, erreichen 65
aequitas, -atis *f.*	Gleichheit, Billigkeit, Gerechtigkeit 116
aequor, -oris *n.*	Meeresfläche, Meer 27
aequus	gleich, gerecht, günstig 51
plus aequo	mehr als billig 98
aer, aeris *m.*	Luft, Nebel 96
aestas, -atis *f.*	Sommer 29
aestimare	einschätzen, beurteilen 91
aestus, -us	Hitze, Brandung 23
aetas, -atis *f.*	Lebensalter, Zeitalter, Zeit 29
aeternus	ewig 11
afferre	herbeitragen, beibringen 85
afficere	versehen mit, behandeln 68, 69

affirmare	bekräftigen, behaupten 107
ager, agri	Acker, Feld 13
agere	(be)treiben, (ver)handeln 37, 58, 66
aggredi	herangehen, angreifen 74
agitare	(be)treiben, verhandeln 35
agmen, -inis *n.*	Zug, Schar 34
agnoscere	anerkennen 70
agricola	Bauer 85
agricultura	Ackerbau, Landwirtschaft 85
aio, ais, ait	ich sage, behaupte *usw.* 36, 75
albus	weiß 34
alere	nähren, fördern 60
alienus	fremd, abgeneigt 13
alii - alii	die einen - die anderen 34
aliquando	irgendwann, einmal 86
aliquantum	ziemlich viel, beträchtlich 93
aliquis, aliquid	irgendeiner, jemand, etwas 64
aliquot	einige, etliche 107
alius, a, ud	ein anderer 12, 47
alter, -era, -erum	der eine (von zweien), der andere (von zweien) 47
altus	hoch, tief 11
amare	lieben 4
ambo, -ae, -o	beide (zusammen) 95
ambulare	umhergehen, spazierengehen 84
amica	Freundin 1
amicitia	Freundschaft 33
amicus	Freund 1; befreundet 16
amittere	verlieren 62
amnis, -is *m.*	Strom 39
amor, -oris *m.*	Liebe 64
amphitheatrum	Amphitheater 24
amplius	weiter, mehr 98
amplus	weit, geräumig, bedeutend 23
an	1. oder *(in Doppelfragen)* 2. ob nicht *(nach Ausdrücken des Nichtwissens)* 108
angustiae, -arum	Enge, Engpaß, Schwierigkeit 74
anima	Atem, Seele, Leben 56
animadvertere	wahrnehmen; einschreiten (gegen) 67

animal, -alis *n.*	Tier, Lebewesen 40
animus	Seele, Geist, Herz, Mut 5
aequo animo	mit Gelassenheit, mit Gleichmut 51
bono animo esse	guten Mutes sein, zuversichtlich sein 17
in animo habēre	im Sinne haben, vorhaben 14
annus	Jahr 13
ante *Präp. mit Akk.*	vor 12, 84
antea	vorher, früher 24
antiquus	alt, altertümlich 11
aperire	öffnen, aufdecken 53, 54
apparatus, -us	Aufwand, Prunk; Werkzeug 38
apparēre	erscheinen, sich zeigen 39
apparet	es zeigt sich, ist klar, ist offenkundig 39, 75
appellare	ansprechen, nennen 17
appetere	begehren, herankommen 96
apportare	herbeibringen 3
appropinquare	nahen, sich nähern 2
aptus	passend, geeignet 87
apud *Präp. mit Akk.*	bei (bei Personen) 27, 84
aqua	Wasser 3
ara	Altar 10
arbitrari	meinen 73
arbor, -oris *f.*	Baum 30
arcēre	abhalten, abwehren 9, 25
arcessere	herbeiholen 59
arcus, -us	Bogen 24
ardēre	brennen, glühen 48
ardor, -oris *m.*	Glut, Leidenschaft 120
arduus	steil (aufragend), schwierig 113
arena	Sandfläche, Kampfplatz 5
argentum	Silber 34
argumentum	Beweis, Argument 32
arma, -orum	Waffen 14
armare	ausrüsten, bewaffnen 44
arrogantia	Anmaßung 101
ars, artis *f.*	Kunst, Fertigkeit 40
artificium	Kunstwerk 10
arx, arcis *f.*	Burg 40
ascendere	hinaufsteigen, ersteigen 50, 67
asciscere	beiziehen 70
asper, -era, -erum	rauh, schroff 13
aspernari	zurückweisen, verwerfen 71
aspicere	erblicken, ansehen 68, 69
assentiri	beistimmen 72
assequi	einholen, erreichen 73
assiduus	beständig, fleißig 94
astrum	Gestirn 119
at	jedoch, dagegen 26
atque	und (dazu) 21
	wie, als *(zur Bezeichnung der Gleichheit, Ähnlichkeit, Verschiedenheit)* 118
atqui	aber doch, nun aber 115
atrium	Atrium, Halle 10
atrox, -ocis	schrecklich, wild 47
auctor, -oris *m.*	Urheber, Begründer, Autor 27
auctoritas, -atis *f.*	Ansehen, Einfluß 29
audacia	Kühnheit, Wagemut 5
audax, -acis	verwegen, kühn 43
audēre	wagen 75
audire	hören 53, 54
auferre	wegtragen, wegnehmen 85
augēre	vermehren, fördern 48
aura	Luft, Hauch 59
aureus	golden 51
auris, -is *f.*	Ohr 39
aurum	Gold 34
auspicium	Vogelschau, Vorzeichen 18
aut	oder 29
aut - aut	entweder - oder 29
autem	aber, ferner 5
autumnus	Herbst 25
auxilium	Hilfe 10
avaritia	Habgier, Geiz 14
avarus	habsüchtig, geizig 17
ave!	sei gegrüßt! 75
avertere	abwenden 72
avidus	begierig, gierig 104
avis, -is *f.*	Vogel 78
avunculus	Onkel 7
barbarus	Ausländer, Barbar 8
	Adj.: ausländisch, unzivilisiert, wild 110
beatus	glücklich 16
bellum	Krieg, Kampf 10
belua	Tier, Untier 106
bene *Adv.*	gut 21
beneficium	Wohltat, Vergünstigung 22
benevolentia	Wohlwollen 75
benignus	gütig, freigebig 51

bestia	Tier 1
bibere	trinken 98
bibliotheca	Bücherei, Bibliothek 78
biduum	Zeitraum von zwei Tagen 103
bini, ae, a	je zwei 52
bis	zweimal 52
bonum	das Gut(e) 11
bonus	gut, tüchtig 11
bos, bovis *m./f.*	Rind, Ochse, Kuh 50
bracchium	Arm 30
brevi	in Kürze, bald 12
brevis, -e	kurz 41
cadere	fallen 41, 65
caecus	blind 40
caedere	niederhauen, fällen 65
caedes, -is *f.*	Mord, Gemetzel 91
caelestis, -e	himmlisch 70
caelum	Himmel, Klima 26
calamitas, -atis *f.*	Unglück, Mißgeschick 29
calor, -oris *m.*	Wärme, Hitze 112
campus	Feld, Ebene 3
candidus	strahlend, weiß 98
canere	1. singen 2. (ein Instrument) spielen, blasen 98
canis, -is *m.*	Hund 39
cantare	singen 14
capere	fassen, nehmen 68, 69
capessere	ergreifen 58, 59
captare	fangen, fassen 6
captivus	Gefangener 9
caput, -itis *n.*	Haupt, Hauptsache, Hauptstadt 35
carcer, -eris *m.*	Kerker, Gefängnis 109
carēre	entbehren, nicht haben 25
carmen, -inis *n.*	Lied, Gedicht 34
carrus	Wagen, Karren 5
carus	lieb, teuer 53
castra, -orum	Lager 14
casus, -us	Fall, Zufall 22
causa	Grund, Ursache, Prozeß 3
causā	wegen, um – willen 100
cautus	vorsichtig 86
cavēre	achtgeben, sich hüten 49
cavus	hohl, gewölbt 109
cedere	gehen, weichen 34, 58, 62
celeber, -bris, -bre	belebt, vielbesucht, gefeiert 41
celebrare	besuchen, feiern 18
celer, -eris, -ere	schnell, rasch 41
celeritas, -atis *f.*	Schnelligkeit 50
celsus	aufragend, erhaben 101
cena	Mahlzeit 3
cenare	speisen, essen 6
censēre	schätzen, meinen 106
censor, -oris *m.*	Zensor 87
centurio, -onis *m.*	Hauptmann 120
cera	Wachs 81
cernere	sehen, sichten 58, 59
certamen, -inis *n.*	Wettkampf, Kampf 34
certare	streiten, wetteifern 27
certus	sicher, gewiß, zuverlässig 16
cessare	zögern, säumen 2
ceteri, ae, a	die übrigen 16
ceterum	übrigens, doch 26
cibus	Speise, Nahrung 3
cingere	gürten, umgeben 61
circa, circum *Präp. mit Akk.*	um, um – herum 35, 84
circenses, -ium *m.*	Zirkusspiele 99
circiter	ungefähr 93
circumdare	umgeben 13
circumstare	umringen 27
circumvenire	umzingeln, bedrängen 54
cito	schnell 50
civilis, -e	bürgerlich, öffentlich 42
civis, -is *m.*	Bürger, Mitbürger 39
civitas, -atis *f.*	Bürgerschaft, Staat, Bürgerrecht 29
clades, -is *f.*	Niederlage, Schaden 39
clam	heimlich 56
clamare	schreien, laut rufen 2
clamor, -oris *m.*	Geschrei 27
clarus	hell, klar, berühmt 11
classis, -is *f.*	Flotte 39
claudere	schließen, versperren 62
clemens, -entis	gütig, sanft, mild 93
coepisse	angefangen haben 75
coercēre	zügeln 25
cogere	zusammenbringen, zwingen 66
cogitare	denken, bedenken 15
cogitatio, -onis *f.*	Denken, Gedanke, Erwägung 118
cognatus	(bluts)verwandt 90
cognitio, -onis *f.*	Erkenntnis, Bekanntschaft 92
cognomen, -inis *n.*	Beiname 72
cognoscere	erfahren, erkennen 70
cohors, cohortis *f.*	Schar, Kohorte 40

cohortari	ermutigen, aufmuntern 78
colere	bebauen, pflegen 60
colligere	sammeln 92
collis, -is *m.*	Hügel, Anhöhe 80
collocare	aufstellen, errichten 24
colloqui	sich unterreden 73
colloquium	Unterredung, Gespräch 78
collum	Hals 28
colonia	Ansiedlung, Kolonie 79
color, -oris *m.*	Farbe 101
comes, -itis *m.*	Gefährte, Begleiter 30
comis, -e	freundlich, nett 89
comitari	begleiten 77
comitia, -orum	Volksversammlung 105
committere	zusammenbringen, ausführen, anvertrauen 62
commodum	Vorteil 96
commovēre	bewegen, erregen, veranlassen 49
communicare	1. gemeinsam machen 2. (miteinander) teilen 3. mitteilen 92
communis, -e	gemeinsam, allgemein 42
comparare (par, paris)	vergleichen 30
comparare (parare)	bereiten, beschaffen 112
comperire	erfahren 54
complecti	umfassen, umarmen 73
complēre	anfüllen, erfüllen 9, 24
complures, -ium	mehrere 98
componere	zusammenstellen, ordnen, schlichten 60
comprehendere	(er)fassen, verhaften 67
conari	versuchen, unternehmen 71
concedere	weichen, zugestehen 62
conciliare	gewinnen 22
concipere	empfangen, erfassen 120
concordia	Eintracht 10
concupiscere	begehren 70
concutere	erschüttern 98
condemnare	verurteilen 94
condere	gründen, bergen 65
condicio, -onis *f.*	Bedingung, Lage 28
conducere	1. zusammenführen 2. anwerben, mieten 3. nützen 99
conducit	es ist förderlich, es nützt 75
conferre	zusammenbringen, vergleichen, beitragen 85
se conferre	sich begeben 102
confertus	voll(gestopft) mit 99
conficere	vollenden, aufreiben 68, 69
confidere	vertrauen, trauen 93
confisus	im Vertrauen auf 99
confitēri	gestehen, bekennen 72
confligere	unterwerfen, kämpfen 61
confugere	(sich) flüchten 106
conicere	(zusammen)werfen, vermuten 69
coniurare	sich verschwören 84
conscius	mitwissend, bewußt 96
patres conscripti	Väter und Beigeordnete (Anrede der Senatoren) 84
consentire	übereinstimmen 54
consequi	folgen, erreichen 73
conservare	bewahren, retten 7
considere	sich setzen, sich niederlassen 78
consilium	Rat(schlag), Ratsversammlung, Plan 10
consistere	sich hinstellen, stehenbleiben, bestehen aus (in) 89
consolari	trösten, lindern 71
conspectus, -us	Anblick 22
conspicere	erblicken, ansehen 68, 69
constans, -antis	beständig, standhaft 43
constantia	Beständigkeit, Ausdauer, Charakterfestigkeit 90
constare	1. bestehen 2. kosten 99
constat *mit Aci*	es steht fest, ist bekannt 74, 75
constituere	beschließen 60
consuescere	sich gewöhnen an 70
consuetudo, -inis *f.*	1. Gewohnheit, Sitte 2. Umgang (mit jemand) 92
consuevisse	gewohnt sein, pflegen 75
consul, -is *m.*	Konsul 27
consularis, -e	konsularisch; *Subst.:* gewesener Konsul 111
consulere	
(mit Akk.)	befragen, beraten
(mit Dat.)	sorgen für 60
consultare	befragen, beratschlagen 117

consulto	mit Absicht, überlegt 108
consultum	Beschluß 29
consumere	verbrauchen 66
contemnere	verachten, nicht beachten 62
contemplari	betrachten 71
contendere	(sich) anstrengen, kämpfen, eilen, behaupten 65
contentus	zufrieden 20
continens, -entis *f.*	Festland 95
continēre	zusammenhalten 10, 25
contingere	berühren, gelingen 65
contingit	es gelingt, glückt 65
contio, -onis *f.*	Volksversammlung 82
contra *Präp. mit Akk.*	gegenüber, gegen (feindlich) 24, 84
contra *Adv.*	dagegen, völlig anders 100
contrahere	zusammenziehen 113
contrarius	entgegengesetzt, feindlich 92
contumelia	Beleidigung, Schmach 28
conubium	Ehebund 64
convenire	zusammenkommen, antreffen, besuchen 54
convertere	wenden, verwandeln 82
convincere	(gerichtlich) überführen, widerlegen 94
conviva	Gast 4
convivium	Gastmahl, Gelage 38
convocare	zusammenrufen 18
copia	Menge, Fülle, Vorrat 5
copiae, -arum	Vorräte, Truppen 14
cor, cordis *n.*	Herz 35
coram *Präp. mit Abl.*	in Gegenwart (von Personen) 98
cornu, -us *n.*	Horn, Flügel (des Heeres) 23
corona	Kranz, Krone 99
corpus, -oris *n.*	Leib, Körper 58
corrigere	berichtigen, verbessern 105
cottidie	täglich 95
cras	morgen 17
creare	erschaffen, verursachen; wählen 3
creber, -bra, -brum	zahlreich, häufig 13
credere	glauben, (an)vertrauen 47, 65
crescere	wachsen, zunehmen 70
crimen, -inis *n.*	Anklage, Vorwurf, Verbrechen 34
cruciatus, -us	Marter, Qual 110
crudelis, -e	roh, grausam 42
cubare	liegen 94
cui? cuius?	wem? 4 wessen? 5
culpa	Schuld 94
cultura	Anbau, Pflege 117
cultus, -us	Pflege, Verehrung; Lebensweise 22
cum *Präp. mit Abl.*	(zusammen) mit 12
cum *Kj.*	1. (immer) wenn; jedesmal, wenn; sooft; indem; dadurch, daß 18, 115 als; nachdem 22, 114 dann, wenn; damals, als; seitdem 115 als; da 114 *(Temporalsatz)* 2. da; weil 22, 112 *(Kausalsatz)* 3. obgleich; obschon 117 *(Konzessivsatz)* 4. indem; dadurch, daß; wenn 115 *(Modalsatz)* 5. während (dagegen) 117 *(Adversativsatz)*
cum primum	sobald 114
cum - tum	sowohl - als besonders, einerseits - besonders aber 106
cunctari	zögern, zaudern 71
cuncti, ae, a	alle 11
cupere	begehren, wünschen 68, 69
cupiditas, -atis *f.*	Leidenschaft, Begierde 30
cupidus	begierig, verlangend 96
cur?	warum? 2
cura	Sorge, Sorgfalt 3
curare	(be)sorgen, pflegen 3
curia	Kurie 27
currere	laufen 43, 65
currus, -us	Wagen 34
cursus, -us	Lauf, Kurs 43
custodire	bewachen, verwahren 104
custos, -odis *m.*	Wächter, Hüter 30
damnare	verurteilen 31
dare	geben 4, *(Perf.)* 26
se dare	sich hingeben, sich widmen 8
fugae se dare	fliehen 8

de *Präp. mit Abl.*	von – herab, von, über 12
dea	Göttin 1
debēre	schulden, müssen 7, 25
decedere	weggehen, verscheiden 62
decernere	entscheiden, beschließen 59
decet	es paßt, schickt sich, ziemt sich 82
dedecus, -oris *n.*	Schande, Schandtat 95
dedicare	weihen, widmen 114
deducere	hinabführen, wegführen 60, 61
deesse	fehlen, mangeln 16
defendere	abwehren, verteidigen 67
deficere	1. abfallen 2. ausgehen, fehlen 70
defungi	1. erledigen 2. sterben 101
deicere	herab-, niederwerfen 69
deinde	dann, danach 19
delectare	erfreuen, Freude machen 3
delēre	zerstören, vernichten 9, 24
deliberare	erwägen, überlegen 104
delictum	Vergehen 95
deligere	auswählen, wählen 66
demere	abnehmen, wegnehmen 66
demonstrare	zeigen, beweisen 29
demum	erst, endlich 50
denique	schließlich, endlich 24
dens, dentis *m.*	Zahn 40
depellere	vertreiben 79
deponere	niederlegen, ablegen 60
descendere	herabsteigen, hinabgehen 67
deserere	verlassen, im Stich lassen 60
desiderare	ersehnen, vermissen 5
desiderium	Sehnsucht, Verlangen 38
desilire	herabspringen 54
desinere	ablassen, aufhören 59
desistere	Abstand nehmen, aufhören 98
desperare	verzweifeln 29
despicere	herabsehen, verachten 68, 69
destinare	bestimmen 54
destituere	zurücklassen, im Stich lassen 95
detrahere	herabziehen, wegnehmen 62
detrimentum	Verlust, Schaden 88
deus	Gott 1
devincere	(völlig) besiegen 73
dexter, -t(e)ra, -t(e)rum	recht(s) 13
dext(e)ra	die rechte Hand, Rechte 7, 11
dicere	sagen, sprechen 34, 58, 61
dies, diei *m.*	Tag 21
in dies	von Tag zu Tag 60
differre	1. verschieben, aufschieben 2. sich unterscheiden 85
difficilis, -e	schwierig, schwer (zu tun) 80
difficultas, -atis *f.*	Schwierigkeit, Verlegenheit 106
dignitas, -atis *f.*	Würde 29
dignus	würdig, wert 25
dilectus, -us	1. Auswahl 2. Musterung, Aushebung 102
dilectum habēre	eine Aushebung vornehmen 102
diligens, -entis	sorgfältig, gewissenhaft 104
diligentia	Sorgfalt, Umsicht 5
diligere	(hoch)schätzen, lieben 66
dimidium	Hälfte 101
dimidius	halb 101
dimittere	entlassen, aufgeben 62
diripere	plündern 69
discedere	weggehen, scheiden 62
discere	lernen 70
discernere	scheiden, unterscheiden 97
discessus, -us	Abreise, Abzug 86
disciplina	Lehre, (wissenschaftliches) Fach, Zucht 120
discipulus	Schüler 75
discordia	Zwietracht, Uneinigkeit 18
dispergere	zerstreuen 91
disponere	verteilen, ordnen 113
disputare	erörtern, diskutieren 33
dissensio, -onis *f.*	Meinungsverschiedenheit, Streit 116
dissentire	abweichen, widersprechen 54
disserere	erörtern, sprechen über 60
dissimilis, -e	unähnlich 80

dissimulare	verheimlichen, verleugnen 100
dissipare	zerstreuen, verbreiten, vergeuden 47
distinguere	unterscheiden 81
distribuere	verteilen 78
diu	lange, lange Zeit 20
diuturnus	lang(dauernd) 112
diversus	verschieden, nach verschiedenen Richtungen gewendet 77
dives, -itis	reich 43
dividere	trennen, teilen 71
divinus	göttlich 86
divitiae, -arum	Reichtum 14
docēre	lehren 8, 25
doctrina	Unterricht, Wissenschaft 107
doctus	gelehrt 76
dolēre	Schmerz empfinden 39
dolor, -oris *m.*	Schmerz, Kummer 39
dolus	List 6
domare	bändigen, zähmen 25
domicilium	Wohnsitz 79
domina	Herrin 1
dominari	herrschen 71
dominatio, -onis *f.*	(Allein-)Herrschaft 28
dominus	Herr 1
domus, -us *f.*	Haus 23
domi	zu Hause 23
domum	nach Hause 23
domo	von zu Hause 23
domi militiaeque	im Krieg und Frieden 27
donare	schenken, beschenken 4
donec	solange (als) 30
donum	Geschenk, Gabe 10
dormire	schlafen 116
dubitare	zweifeln, zögern 30
dubius	zweifelhaft, unsicher 15
ducere	führen, ziehen, halten für 58, 61
uxorem ducere	heiraten 63
dum	1. während 2. solange (als) 21 3. wenn nur, wenn bloß 116
dummodo	wenn nur, wenn bloß 116
durare	1. hartmachen 2. dauern, aushalten 79
durus	hart, hartherzig 17
dux, ducis *m.*	Führer, Anführer 33

e, ex *Präp. mit Abl.*	aus, von – aus 12 seit 56
ecce	sieh da! 3
edere	herausgeben, äußern 65
edere	essen, fressen 79
educare	erziehen 4
educere	herausziehen, herausführen 78
efferre	herausheben, hinaustragen 85
laudibus efferre	rühmen, preisen 85
efficere	fertigbringen, bewirken 108
effugere	entkommen 68, 69
egēre	bedürfen, Mangel haben 25
ego	ich 15
me *(Akk.)*	mich 3
mihi *(Dat.)*	mir 4
egregius	ausgezeichnet, hervorragend 85
eicere	hinauswerfen, vertreiben 69
elatus	hervorgehoben, stolz gemacht 99
elephantus	Elefant 5
eligere	auswählen, wählen 66
eloquens, -entis	beredt, redegewandt 118
eloquentia	Beredsamkeit, Redegabe 87
emere	(nehmen), kaufen 66
eminēre	herausragen, hervorragen 84
enim	nämlich 11
eo	dorthin 36 deswegen, deshalb 100
epistula	Brief 1
epulae, -arum	Speisen, Mahl 99
eques, -itis *m.*	Reiter, Ritter 30
equester, -tris, -tre	Reiter-, Ritter- 41
équidem	allerdings, in der Tat, freilich 88
equitatus, -us	Reiterei 93
equus	Pferd 3
erga *Präp. mit Akk.*	gegen (freundlich) 75, 84
ergo	also, folglich 75
erigere	aufrichten, ermutigen 61
eripere	entreißen 68, 69
errare	irren, sich verirren 6
error, -oris *m.*	Irrtum 94
erudire	bilden, unterrichten 53

esse	sein 7, *(Perf.)* 25
est	er (sie, es) ist 2
sunt	sie sind 2
et	und 1
et - et	sowohl - als auch 21
etiam	auch, sogar 3
etiamsi, etsi	wenn auch, obgleich 26
evadere	ausgehen, entkommen 62
evenit	es ereignet sich, stößt zu 54, 75
ex quo evenit, ut . . .	daher kommt es, daß . . . 96
excedere	herausgehen, hinausgehen 97
excedere (e) vita	aus dem Leben scheiden 97
excellere	hervorragen, sich auszeichnen 72
excelsus	aufragend, erhaben 101
excipere	ausnehmen, aufnehmen 68, 69
excitare	erregen 5
excusare	entschuldigen, vorschützen 115
exemplum	Beispiel 23
exercēre	üben, (sich) plagen 25
exercitus, -us	Heer 22
exhaurire	erschöpfen 54
exigere	heraustreiben, (ein)fordern, vollenden 66
exiguus	klein, gering 103
exilium	Verbannung 72
exire	herausgehen 36
existimare	schätzen, beurteilen, meinen 88
exitus, -us	1. Ausgang 2. Ende, Ergebnis 100
exoriri	entstehen, sich erheben 74
expedire	1. befreien 2. erledigen 3. bereit machen 115
expeditus	unbehindert, leichtbewaffnet, einsatzbereit 115
expellere	hinausstoßen, vertreiben 77
experiri	versuchen, erfahren 110
expers, -pertis	ohne Anteil, frei von 96
expetere	erstreben 116
explicare	entfalten, erklären 8
exponere	aussetzen, darlegen 60
expugnare	erobern 7
ex(s)istere	auftreten, entstehen 105
exspectare	warten, erwarten 2
exspectatio, -onis *f.*	Erwartung 98
exstinguere	auslöschen 61
ex(s)truere	aufschichten, errichten 40, 64
exsultare	jubeln 5
exterior, -ius	der äußere 81
extra *Präp. mit Akk.*	außerhalb; aus - heraus 12, 84
extremus	der äußerste 81
faber, -bri	Handwerker, Arbeiter 13
fabula	Fabel, Geschichte, Erzählung 1
facere	machen, tun 68, 69, *(Perf.)* 47
aliquid potestatis suae facere	etwas in seine Gewalt bringen 91
facilis, -e	leicht (zu tun) 41
facinus, -oris *n.*	Handlung, Tat, Untat 67
factio, -onis *f.*	Partei 93
factum	Tat 11
facultas, -atis *f.*	Möglichkeit, Fähigkeit, Mittel 104
fallere	täuschen 84
falsus	irrig, falsch 14
fama	Gerücht, (guter oder schlechter) Ruf 42
fames, -is *f.*	Hunger 48
familia	Familie, Hausgemeinschaft 1
familiaris, -e	vertraut, freundschaftlich 41
res familiaris	das Hauswesen, das Vermögen 115
familiaris, -is *m./f.*	Vertraute(r), Freund(in) 98
fatēri	gestehen, bekennen 72
fatigare	ermüden, erschöpfen 100
fatum	Schicksal, Verhängnis 43
favēre	gewogen sein, begünstigen 49
felix, -icis	glücklich, erfolgreich 43
femina	Frau 9
fere	beinahe, fast 22
feriae, -arum	Feiertage 102

ferox, -ocis	wild, unbändig, unerschrocken 83
ferre	tragen, bringen 85
prae se ferre	vor sich hertragen, an den Tag legen 100
ferrum	Eisen 39
fertilis, -e	fruchtbar, ergiebig 117
ferus	wild, roh 11
fessus	ermüdet, müde 11
festus	festlich, feierlich 21
fidelis, -e	treu, zuverlässig 73
fidere	vertrauen, trauen 93
fides, -ei	Treue, Glaube 21
fiducia	Vertrauen, Zuversicht 100
fidus	treu, zuverlässig 16
fieri	1. werden, geschehen 2. gemacht werden 76
qui fit?	wie kommt es? 107
quo fit, ut . . .	daher kommt es, daß . . . 107
figere	anheften, befestigen 62
figura	Figur, Gestalt 1
filia	Tochter 1
filius	Sohn 1
fingere	gestalten, erdichten 61
finire	begrenzen, beendigen 53
finis, -is *m.*	Ende, Grenze 39
fines, -ium *m.*	Grenzen, Gebiet 39
finitimus	benachbart, angrenzend, *Subst.:* (Grenz-)Nachbar 81
firmare	(be)stärken, kräftigen 33
firmus	fest, stark 11
flamma	Flamme, Feuer 1
flectere	biegen, beugen 59
flēre	weinen, beweinen 6, 24
flos, floris *m.*	Blüte, Blume 77
fluctus, -us	Flut 45
fluere	fließen 67
flumen, -inis *n.*	Fluß, Strömung 34
fluvius	Fluß 9
foedus	häßlich, schändlich 26
foedus, -eris *n.*	Bündnis, Vertrag 33
fons, fontis *m.*	Quelle 40
forma	Form 1
formare	gestalten, bilden, formen 38
fortasse	vielleicht 3
forte	zufällig 99
nisi forte	es müßte denn sein, daß 116

fortis, -e	kräftig, tapfer 41
fortitudo, -inis *f.*	Tapferkeit 74
fortuna	Schicksal, Glück 13
fortunae, -arum	(Glücks-)Güter, Vermögen 107
forum	Forum, Marktplatz 10
frangere	brechen 66
frater, -tris *m.*	Bruder 27
fraus, fraudis *f.*	Betrug, Täuschung 94
fremitus, -us	Lärm 103
frequens, -entis	zahlreich, häufig, dicht gedrängt 77
frigidus	kalt, starr 103
frigus, -oris *n.*	1. Kälte, Frost 2. Schauer 105
frons, frontis *f.*	Stirn, Vorderseite 113
fructus, -us	Frucht, Ertrag 32
fruges, -um *f.*	(Feld-)Früchte 31
frui	genießen 73
frumentum	Getreide 12
frustra	vergebens, vergeblich 45
fuga	Flucht 8
fugae se dare	fliehen 8
fugere	fliehen, meiden 68, 69
fugit	es entgeht, bleibt verborgen 82
neminem fugit	jeder weiß 82
fulmen, -inis *n.*	Blitz(schlag) 97
fundamentum	Grund(lage) 79
fundere	(hin)gießen, zerstreuen 67
fungi	verrichten, verwalten 73
funus, -eris *n.*	Bestattung, Leichenzug 85
furor, -oris *m.*	Raserei, Tollheit 42
futurus	(zu)künftig 19
gaudēre	sich freuen 75
gaudium	Freude 22
geminus	doppelt; *Subst.:* Zwilling 26
generare	erzeugen 116
gens, gentis *f.*	Geschlecht, Stamm, Volk 40
genus, -eris *n.*	Geschlecht, Gattung, Art 33
gerere	tragen, (aus)führen 46, 62
gignere	erzeugen, hervorbringen 60
gladius	Schwert 9
gloria	Ruhm, Ehre 8
gloriari	sich rühmen, prahlen 76

gradus, -us	1. Schritt 2. Stufe, Rang 116
grandis, -e	1. groß 2. alt 120
gratia	Gunst, Dank 5
gratiā	wegen, um – willen 100
gratiam habēre	dankbar sein, danken 35
gratias agere	Dank sagen, danken 46
gratis	umsonst, unentgeltlich 99
gratis stare	nichts kosten 99
gratulari	1. Glück wünschen 2. danken 107
gratus	angenehm, dankbar 16
gravis, -e	schwer, gewichtig, ernst 42
gravitas, -atis *f.*	Ernst, Würde 29
grex, gregis *m.*	Herde, Schar 104
habēre	haben, halten 6, 25, 44
habitare	wohnen 23
habitus, -us	1. Zustand, Aussehen 2. Kleidung 114
haerēre	hängen, stecken(bleiben) 40, 48
haruspex, -spicis *m.*	Opferbeschauer, Zeichendeuter 112
haud	nicht 73
haudquaquam	keineswegs, auf keine Weise 74
haurire	schöpfen, einsaugen 54
heri	gestern 26
hiberna, -orum	Winterlager 105
hīc	hier 2
hic, haec, hoc	dieser, -e, -es 46
hiemare	den Winter zubringen 102
hiems, híemis *f.*	Winter 102
hílaris, -e	heiter 77
hinc	von hier, hierauf, daher 82
historia	Forschung, Geschichte, Geschichtszeugnis 120
hodie	heute 5
homo, -inis *m.*	Mensch 28
honestas, -tis *f.*	1. Ansehen 2. Ehrbarkeit, Wohlverhalten 96
honestus	angesehen, anständig, gut 51
honos, -oris *m.*	Ehre, Ehrenamt 27
hora	Stunde 6
horrēre	schaudern, starren 75
horridus	rauh, roh, schrecklich 80
hortari	ermahnen, ermutigen 71
hortus	Garten 3

hospes, -itis *m.*	Gast, Gastfreund, Gastgeber 30
hostis, -is *m.*	(Landes-)Feind 39
huc	hierher, hierzu 108
humanitas, -atis *f.*	1. Menschlichkeit 2. Bildung 96
humanus	menschlich, gebildet 24
humilis, -e	niedrig, gering 42
iacēre	liegen 43
iacere	werfen, schleudern 69
iactare	werfen, schleudern 32
iam	schon, bereits 2
non iam	nicht mehr 6
ibi	dort 7
ictus	geschlagen, getroffen 114
ictus, -us	Hieb, Stoß 112
idem, eadem, idem	derselbe, dieselbe, dasselbe; der (die, das) nämliche 47
ideo	deshalb 74
idoneus	geeignet, passend 78
igitur	also 7
ignarus	unkundig, ohne Kenntnis 96
ignavus	untätig, träg, feig 16
ignis, -is *m.*	Feuer 39
ignominia	Schande 50
ignorare	nicht wissen, nicht kennen 3
non ignorare	genau wissen, gut kennen 7
ignoscere	verzeihen 94
ignotus	unbekannt 21
ille, illa, illud	jener, jene, jenes 46
illustrare	erleuchten, erhellen; verherrlichen 109
illustris, -e	1. hell, klar 2. bekannt, vornehm 98
imago, -inis *f.*	Bild 28
imber, imbris *m.*	Regen 37
imitari	nachbilden, nachahmen 75
immanis, -e	ungeheuerlich, entsetzlich, riesig 106
imminēre	hineinragen, drohen 43
immo	1. ja sogar 2. vielmehr, im Gegenteil 91
immolare	opfern 98
immortalis, -e	unsterblich 41
impedire	festhalten, (be)hindern 109

impellere	antreiben, veranlassen 65
impendēre	hängen über, bevorstehen 49
impendere	aufwenden 103
imperare	befehlen 4
imperator, -oris *m.*	Feldherr, Kaiser 27
imperium	Befehl, Reich, Herrschaft 10
impetrare	durchsetzen, erreichen 17
impetus, -us	Ansturm, Angriff, Drang 22
impius	gottlos, frevelhaft 16
implēre	anfüllen, erfüllen 9
implorare	anflehen 10
imponere	hineinlegen, aufbürden 60
imprimis	vor allem, besonders 13
improbus	schlecht, böse, verbrecherisch 92
impune	straflos, ungestraft 50
imus	der unterste 81
in *Präp. mit Akk.*	in, an, auf, nach 12 gegen 17
in *Präp. mit Abl.*	in, an, auf 12
inanis, -e	leer, nichtig, eitel 88
incedere	einherschreiten 34, 62
incendere	anzünden, entflammen 67
incendium	Brand 42
incertus	ungewiß, unsicher 28
incidere	hineingeraten, vorfallen 65
incipere	anfangen, beginnen 68, 69
incitare	antreiben, aufregen 31
includere	einschließen 114
incohare	anfangen 103
incola	Einwohner, Bewohner 78
incolere	bewohnen, siedeln 81
incolumis, -e	unversehrt, heil 79
incredibilis, -e	unglaublich 49
increpare	erschallen, schelten 25
inde	1. von da 2. dann 3. daher 84
indicere	ankündigen 62
indignari	sich empören, sich entrüsten 78
inducere	einführen, verleiten 61
induere	anziehen, anlegen 64
industria	Betriebsamkeit, Fleiß 15
indutiae, -arum	Waffenstillstand, Waffenruhe 91
inesse	darin sein 87

inferi, -orum	die Unterirdischen, die Unterwelt 49
inferior, -ius	der untere 81
inferre	hineintragen, beibringen 87
alicui bellum inferre	mit jem. Krieg anfangen, jem. angreifen 111
alicui iniuriam inferre	einem ein Unrecht zufügen 87
infestus	feindlich, kampfbereit 84
infimus	der unterste 81
infinitus	unbegrenzt, unbestimmt 120
infirmus	schwach, unzuverlässig, krank 90
inflammare	entflammen, entzünden 35
infra *Präp. mit Akk.*	unterhalb, unter 81, 84
ingenium	Anlage, Begabung 26
ingens, -entis	ungeheuer, gewaltig, riesig 43
ingredi	1. einherschreiten 2. betreten 74
inicere	hineinwerfen, einflößen 69
inimicitiae, -arum	Feindschaft 32
inimicus	feindlich; *Subst.:* Feind 25
iniquus	ungleich, ungerecht, ungünstig 83
inire	1. hineingehen, betreten 2. beginnen 78
initium	Anfang, Beginn 78
iniuria	Unrecht, Beleidigung 25
iniustus	ungerecht 17
innocens, -entis	unschuldig, uneigennützig 116
inopia	Not, Mangel 18
inopinans, -antis	ahnungslos 77
inops, -opis	hilflos, arm 87
inquam	sage ich, habe ich gesagt 75
inquit	sagt er, hat er gesagt 25, 75
inscius	unwissend 42 ohne Wissen 77
insequi	folgen, verfolgen 102
insidiae, -arum	Hinterhalt, Überfall 14
insigne, -is *n.*	Abzeichen, Kennzeichen 97

insignis, -e	ausgezeichnet, kenntlich 41
instare	bevorstehen, drohen, zusetzen 21, 26
institutum	Einrichtung, Grundsatz 101
instruere	aufstellen, ausstatten, unterrichten 61
instrumentum	Werkzeug, Hilfsmittel 85
insula	Insel; Wohnblock 1
integer, -gra, -grum	unberührt, rein, untadelig 13
intellegere	einsehen, verstehen 66
inter *Präp. mit Akk.*	zwischen, unter; während 16, 84
interdum	manchmal 4
interea	unterdessen, inzwischen 38
interesse	teilnehmen 16
interest	es ist ein Unterschied 16 es liegt daran, ist wichtig 76
interficere	niedermachen, töten 69
interior, -ius	der innere 81
interire	untergehen, umkommen 119
interpres, -etis *m.*	Vermittler, Übersetzer 112
interrogare	fragen 78
intimus	der innerste 81
intra *Präp. mit Akk.*	innerhalb; in – hinein 12, 84
intrare	eintreten, hineingehen, betreten 2
intuēri	betrachten 72
intus	drinnen, (nach) innen 109
invadere	eindringen, angreifen 62
invehi (in aliquem)	hineinfahren, losfahren (auf einen) 73
invenire	finden, erfinden 54
invicem	wechselweise, gegenseitig 105
invidēre	mißgönnen, beneiden 49
invidia	Neid, Mißgunst 85
invisus	verhaßt 15
invitare	einladen 99
invitus	ungern, gegen den Willen (jemandes) 77
ipse, ipsa, ipsum	selbst, in eigener Person 46, 77
ira	Zorn 9

iratus	zornig, erzürnt 36
ire	gehen 36
irritus	erfolglos, ungültig 76
irrumpere	einbrechen, eindringen 120
is, ea, id	dieser, -e, -es; der, die, das; (er, sie, es) 47
iste, ista, istud	dieser, -e, -es (da) 46
ita	so 7
itaque	daher, deshalb 4
item	ebenso 33
iter, itineris *n.*	Reise, Marsch; Weg 48
iterum	wiederum 2
iterum atque iterum	immer wieder 50
iubēre	beauftragen, befehlen, verordnen 48
iucundus	erfreulich, angenehm 20
iudex, -icis *m.*	Richter 31
iudicare	urteilen 27
iudicium	Urteil, Gericht 27
iugum	Joch; Bergrücken 84
iurare	schwören 57
ius, iuris *n.*	Recht 35
iure	mit Recht 9
peritus iuris	erfahren in Rechtssachen, rechtskundig 87
ius iurandum	Eid, Schwur 84
iussu	auf Befehl 17
iustitia	Gerechtigkeit 21
iustus	gerecht, richtig 11
iuvare	unterstützen, helfen 14, *(Perf.)* 26
iuvat	es freut, erfreut 6, 75
iuvenis, -is *m.*	junger Mann 39
iuventus, -utis *f.*	Jugend 29
iuxta *Präp. mit Akk.*	(dicht) bei, neben 12, 84
labor, -oris *m.*	Arbeit, Anstrengung 27
laborare	arbeiten 2, leiden 33
lac, lactis *n.*	Milch 35
lacessere	reizen, herausfordern 59
lacrima	Träne 13
lacus, -us	See, Wasserbecken 23
laedere	stoßen, verletzen 62
laetari	sich freuen 100
laetitia	Freude 5
laetus	fröhlich 13
lapis, -idis *m.*	Stein 60

largiri	schenken, spenden 72
largus	freigebig, reichlich 85
latēre	verborgen sein 113
latro, -onis *m.*	Räuber 76
latus	breit, ausgedehnt 12
latus, -eris *n.*	Seite, Flanke 33
laudare	loben 3
laus, laudis *f.*	Lob, Ruhm 30
laudibus efferre	rühmen, preisen 85
lavare	waschen 38
lectus	Bett, Liege 74
legatus	Gesandter, Unterfeldherr 51
legere	lesen, auslesen 58, 66
legio, -onis *f.*	Legion 28
legionarius	Legionär 7
lenire	mildern, lindern 79
lenis, -e	mild, sanft, ruhig 94
lentus	langsam, lässig, zäh 117
leo, -onis *m.*	Löwe 28
levare	erleichtern, lindern, heben 26
levis, -e	leicht, leichtsinnig 42
lex, legis *f.*	Gesetz 31
libenter	gern 5
liber, -era, -erum	frei 13
liber, -bri	Buch 13
liberalis, -e	1. vornehm 2. freigebig 89
liberalitas, -atis *f.*	1. edle Gesinnung 2. Freigebigkeit 89
liberare	befreien 9
liberi, -orum	Kinder 13
libertas, -atis *f.*	Freiheit 66
libertus	Freigelassener 31
libido, -inis *f.*	1. Trieb, Verlangen 2. Willkür 101
licet	es ist erlaubt, steht frei 6, 25, 75
licet *Kj.*	angenommen; mag auch 117
lictor, -oris *m.*	Liktor 27
limes, -itis *m.*	1. Rain, Grenze, Grenzwall 2. Weg 97
lingua	Sprache, Zunge 22
littera	Buchstabe 14
litterae, -arum	Buchstaben, Brief, Wissenschaft(en) 14
litus, -oris *n.*	Küste, Strand 33
locare	1. stellen, legen 2. vermieten 99
locuples, -etis	begütert, wohlhabend 80

locus (*Pl. gewöhnl.* loca, -orum)	Ort, Platz 29
longus	lang 23
longe	weit(aus), bei weitem 87
loqui	sprechen, reden 73
lubricus	schlüpfrig, unsicher, (leicht) beweglich 113
lucēre	leuchten 48
ludere	spielen, scherzen 79
ludus	Spiel, Schule 5
lumen, -inis *n.*	Licht, Augenlicht 34
luna	Mond 119
lupus	Wolf 25
lux, lucis *f.*	Licht, Tageslicht 31
luxuria	Üppigkeit, Genußsucht 38
maestus	traurig, betrübt 77
magis	mehr 14
magis – quam	mehr – als 14
magister, -tri	Lehrer, Leiter 13
magistratus, -us	Beamter, Amt 22
magnificus	großartig, prächtig 89
magnitudo, -inis *f.*	Größe, Bedeutung 89
magnopere	sehr 50
magnus	groß, bedeutend, wichtig 11
maiestas, -atis *f.*	Größe, Erhabenheit, Hoheit 94
maior, -ius	1. größer 2. älter 76, 81
maior natu	älter, der Ältere 81
maiores, -um *m.*	Vorfahren 27
malle	lieber wollen 86
malum	Übel, Leid 11
malus	schlecht, schlimm, böse 11
manare	fließen 25
mandare	übergeben, anvertrauen, auftragen 4
mane	in der Frühe, morgens 18
manēre	bleiben 20, 48
manus, -us *f.*	Hand, Schar 23
mare, -is *n.*	Meer 40
terra marique	zu Wasser und zu Land 40
maritimus	am Meer gelegen, See- 40
maritus	Ehemann 60
mater, -tris *f.*	Mutter 2, 27
materia (*und* materies, -ei)	1. Stoff, (Bau-)Holz 2. Ursache 120
maximus	der größte 21, 81
medicus	Arzt 31

medius	der mittlere, mitten, in der Mitte 49, 77
melior, -ius	besser 81
membrum	Glied, Teil 82
meminisse	gedenken, sich erinnern 75
memor, -oris	eingedenk, sich erinnernd 43
memoria	Gedächtnis, Andenken 15
memoriae prodere	überliefern 65
memoriā tenēre	im Gedächtnis behalten 18
mens, mentis *f.*	Geist, Gedanke, Gesinnung 48
mensa	Tisch 4
mensis, -is *m.*	Monat 95
mentiri	lügen, vorspiegeln 72
mercator, -oris *m.*	Kaufmann 28
merces, -edis *f.*	Lohn, Sold 30
merēre	verdienen 17
merēri	verdienen 72
bene merēri de re publica	sich verdient machen um den Staat 72
meridies, -ei *m.*	Mittag, Süden 21
merito	verdientermaßen, mit Recht 50
meritum	das Verdienst 98
merx, mercis *f.*	Ware 99
metiri	messen, bemessen 101
metuere	fürchten 60
metus, -us	Furcht 22
meus	mein 14
migrare	(aus)wandern 24
miles, -itis *m.*	Soldat 30
militaris, -e	soldatisch, kriegerisch, Kriegs- 42
res militaris	Kriegswesen 42
militia	Kriegsdienst 17
minae, -arum	Drohung(en) 48
minimus	der kleinste 81
minister, -tri	Diener, Helfer 13
minor, -us	kleiner 81
minor natu	jünger, der Jüngere 81
si minus	wenn nicht, andernfalls 116
minuere	mindern, vermindern 60
mirabilis, -e	bewundernswert, erstaunlich 41
miraculum	Wunder, Wunderding 120

mirari	sich wundern, bewundern 78
mirus	wunderbar, sonderbar 11
miscēre	mischen 55
miser, -era, -erum	elend, unglücklich 13
miserari	beklagen, bedauern 71
miseria	Unglück, Not 9
misericordia	Barmherzigkeit, Mitleid 48
mittere	gehen lassen, schicken 60, 62
mobilis, -e	beweglich, unbeständig 113
moderari	mäßigen, lenken 71
modestia	Mäßigung, Anstand 89
modestus	maßvoll, bescheiden 75
modicus	mäßig, besonnen, anspruchslos 90
modo *Adv.*	(so)eben; nur 46
modo *Kj.*	wenn nur, wenn bloß 116
modus	Maß, Art und Weise 25
moenia, -ium *n.*	Stadtmauer(n) 40
moles, -is *f.*	1. Last 2. Masse 3. Damm 118
molestus	lästig, beschwerlich 29
moliri	in Bewegung setzen, unternehmen 72
mollis, -e	weich(lich), mild 113
monēre	(er)mahnen 6, 25, 44
mons, montis *m.*	Berg 40
monstrum	Ungeheuer 26
monumentum	Denkmal, Grabmal 12
mora	Aufschub, Verzögerung 12
morari	1. verweilen 2. aufhalten *(trans.)* 115
morbus	Krankheit 19
mori	sterben 74
mors, mortis *f.*	Tod 50
mortalis, -e	sterblich, irdisch 41
mortuus	gestorben, tot 26 im, nach dem Tod 77
mos, moris *m.*	Sitte, Brauch 27
mores, -um *m.*	Sitten, Charakter 27
motus, -us	Bewegung, Erregung 43
movēre	bewegen 49
mox	bald 17
muliebris, -e	weiblich, weibisch 97
mulier, -eris *f.*	Frau 27
multare	bestrafen 72
multi, ae, a	viele 11
multitudo, -inis *f.*	Menge 28
mundus	Welt 8

municipium	Landstadt 43
munire	befestigen, schützen 53
munus, -eris *n.*	Aufgabe, Amt; Geschenk 33
murus	Mauer 8
mutare	ändern, wechseln, tauschen 19
nam	denn 3
narrare	erzählen 3
nasci	geboren werden, entstehen 74
natio, -onis *f.*	Volksstamm, Volk 28
natura	Natur 1
natus, nata	Sohn, Tochter 114
natus	geboren 25
viginti annos natus	zwanzig Jahre alt 97
maior/ minor natu	älter, der Ältere/ jünger, der Jüngere 81
nauta	Schiffer, Seemann 14
navigare	zu Schiff fahren, segeln 27
navis, -is *f.*	Schiff 39
nē *Kj.*	1. nicht *(in unabhängigen Begehrsätzen)* 2. daß nicht, damit nicht 3. daß *(nach Ausdrücken des Fürchtens und Hinderns)* 19, 25, 109
-ne *Fragepartikel*	1. *unübersetzt (in unabhängigen Fragen)* 2. ob *(in abhängigen Fragen)* 7, 108
necare	töten 5
necessarius	notwendig 16
necesse (est)	(es ist) nötig, unausweichlich 64
necessitas, -atis *f.*	Notwendigkeit, Notlage 106
nefas *n.* *(unveränderlich)*	Unrecht, Frevel 97
negare	verneinen, leugnen 15
neglegere	vernachlässigen 66
negotium	Geschäft, Aufgabe 14
nemo	niemand 14, 64
nepos, -otis *m.*	Enkel 95
nequaquam	keineswegs, auf keine Weise 74
neque, nec	und nicht, auch nicht 16
neque - neque	weder - noch 16
ne . . . quidem	nicht einmal . . . 60
nequiquam	vergeblich 114
nequire	nicht können 75
nescire	nicht wissen 53
néuter, -tra, -trum	keiner (von zweien) 89
neve, neu	oder nicht, und nicht 109
nex, necis *f.*	(gewaltsamer) Tod, Mord 31
niger, -gra, -grum	schwarz, dunkel 41
nihil	nichts 9, 64
nihil nisi	nichts außer, nur 9
nimis *Adv.*	(all)zu sehr 100
nimius	zu groß, zu viel, übermäßig 97
nisi	wenn nicht 9
nisi forte	es müßte denn sein, daß 116
non, nemo, nihil . . . nisi	nur, außer *(bei Negationen)* 9, 116
nisi vero	es müßte denn sein, daß 116
niti	sich stützen, streben 73
nix, nivis *f.*	Schnee 84
nobilis, -e	berühmt, vornehm, adelig 41
nobilitas, -atis *f.*	Berühmtheit, Adel 87
nocēre	schaden 16, 25
noctu	nachts 73
nocturnus	nächtlich 97
nolle	nicht wollen 86
nomen, -inis *n.*	Name 34
nominare	(er)nennen 34
non	nicht 4
non iam	nicht mehr 6
non ignorare	genau wissen, gut kennen 7
non, nemo, nihil . . . nisi	nur, außer *(bei Negationen)* 9, 116
non solum - sed etiam	nicht nur - sondern auch 4
nondum	noch nicht 25
nonne	1. etwa nicht *(in unabhängigen Fragen)* 2. ob nicht *(in abhängigen Fragen)* 75, 108
nonnulli, ae, a	einige 28
nonnumquam	manchmal, bisweilen 14
nos	wir 9, 15
nos *(Akk.)*	uns 6
nobis *(Dat.)*	uns 8

noscere	kennenlernen 70
noster, -tra, -trum	unser 14
notus	bekannt 11
novisse	kennen, wissen 70, 75
novus	neu, neuartig 11
nox, noctis *f.*	Nacht 40
nubes, -is *f.*	Wolke 39
nullus	kein 22, 47, 64
num	1. etwa *(in unabhängigen Fragen)* 2. ob *(in abhängigen Fragen)* 108
numen, -inis *n.*	göttliche Macht, Gottheit 59
numerare	zählen 19
numerus	Zahl, Anzahl 11
numquam	niemals, nie 13
nunc	nun, jetzt 2
nuntiare	melden, verkünden 4
nuntius	Bote; Botschaft 85
nuper	neulich, vor kurzem 44
nuptiae, -arum	Hochzeitsfeierlichkeiten, Hochzeit 18
nusquam	nirgends 90
nutus, -us	Wink, Geheiß 110
ob *Präp. mit Akk.*	entgegen, wegen 49, 84
obire	besuchen, auf sich nehmen; sterben 50
oblivisci	vergessen 74
obscurus	finster, dunkel 32
observare	beobachten, beachten 109
obses, -idis *m./f.*	Geisel, Bürge 93
obsidēre	belagern 83
obsidio, -onis *f.*	Belagerung 83
obstare	im Wege stehen, hindern 14, 26
obtinēre	1. festhalten 2. behaupten 112
obviam	entgegen 42
obviam ire	entgegengehen, begegnen 42
obvius	begegnend, entgegenkommend 118
occasio, -onis *f.*	Gelegenheit 104
occasus, -us	Untergang (der Sonne), Westen 103
occidens, -entis *m.*	Westen, Abendland 119
occīdere	niederschlagen, töten 65
occidere	untergehen 65
occultare	verbergen 98
occupare	1. einnehmen, besetzen 2. beschäftigen 72
occurrere	begegnen, entgegentreten 83
oculus	Auge 6
odisse	hassen 75
odium	Haß 15
odor, -oris *m.*	Geruch 112
offendere	1. anstoßen, antreffen 2. beleidigen 100
offerre	anbieten, darbieten 85
officium	Dienst, Pflicht 16
oleum	(Oliven-)Öl 74
olim	einst 11
omen, -inis *n.*	Vorzeichen 114
omittere	aufgeben, beiseite lassen 62
omnino	überhaupt, gänzlich 50
omnis, -e	jeder, ganz; *Pl.:* alle 41
onerare	beladen, belasten 9
onus, -eris *n.*	Last, Ladung 33
opera	Arbeit, Mühe 16
operam dare	sich Mühe geben, sich beschäftigen 30
operire	bedecken 53, 54
opes, opum *f.*	1. Reichtum, Schätze 2. Macht 81
opinari	meinen, glauben 71
opinio, -onis *f.*	Meinung 28
opinione celerius	unerwartet schnell 98
oportet	es gehört sich, ist in der Ordnung 67, 75
oppidum	(Land-)Stadt, Festung 10
opportunus	günstig, geeignet 40
opprimere	unterdrücken, überfallen 62
oppugnare	bestürmen, angreifen 8
optare	wünschen 19
optimates, -ium *m.*	die Aristokraten, die aristokratische Partei 96
optimus	der beste 21, 81
opulentus	reich, mächtig 81
opus, -eris *n.*	Werk, Arbeit 44
opus est	man benötigt, braucht 99
ora	Küste 13
oraculum	Götterspruch, Orakel 107
orare	beten, bitten 8
oratio, -onis *f.*	Rede 28
orator, -oris *m.*	Redner 27
orbis, -is *m.*	Kreis, Scheibe 42
orbis terrarum	Erdkreis 42

ordo, -inis *m.*	Reihe, Ordnung, Stand 28
oriens, -entis *m.*	Osten, Morgenland 119
oriri	entstehen, sich erheben 74
ornare	ausstatten, schmücken 4
ortus, -us	Aufgang (der Sonne), Osten, Entstehung 103
os, oris *n.*	Mund, Gesicht 27
os, ossis *n.*	Knochen (*Pl.*: Gebeine) 35
ostendere	zeigen 65
otiosus	müßig, ohne öffentliche Aufgabe, ruhig 108
otium	Muße, freie Zeit, Ruhe 14
pabulum	Futter, Nahrung 114
pacare	befrieden, unterwerfen 14
pactum	1. Abmachung, Vertrag 2. Weise 99
paene	beinahe, fast 6
paenitet	es befriedigt nicht, es reut 95
palam	öffentlich 50
palus, -udis *f.*	Sumpf 109
par, paris	gleich, angemessen 76
parare	bereiten, vorbereiten, erwerben 3
parare *mit Inf.*	vorhaben, im Sinn haben 6
paratus	bereit 18
parcere	sparen, Schonung gewähren, schonen 65
parcus	sparsam, schonend 88
parens, -entis *m./f.*	Vater, Mutter 57
parentes, -(i)um	Eltern 57
parēre	gehorchen 8, 25
parere	hervorbringen, gebären 69
paries, -etis *m.*	Wand 108
pars, partis *f.*	Teil 40
magnā ex parte	zum großen Teil 43
particeps, -cipis	teilhaftig, beteiligt an 96
partim	zum Teil, teils 91
parum	zu wenig 93
parvus	klein, gering 11
passus, -us	Schritt (Doppelschritt) 86
pastor, -oris *m.*	Hirte 54
patefacere	öffnen, aufdecken 112
pater, -tris *m.*	Vater; *Pl.*: Senatoren, Patrizier 2, 27
patres conscripti	Väter und Beigeordnete (Anrede der Senatoren) 84

patēre	offenstehen 26
pati	leiden, zulassen 74
patiens, -entis	geduldig, ertragend 79
patientia	Ausdauer, Geduld 90
patria	Heimat, Vaterland 4
patricius	patrizisch; *Subst.*: Patrizier 29
patrius	väterlich, heimisch 69
patronus	Schutzherr, Anwalt 31
pauci, ae, a	wenige 24
paulatim	allmählich 50
paulum	ein wenig 16
pauper, -eris	arm 43
paupertas, -atis *f.*	Armut 44
pavor, -oris, *m.*	Angst, Furcht 80
pax, pacis *f.*	Friede 31
peccare	sündigen, fehlen 58
peccatum	Vergehen, Versehen 119
pectus, -oris *n.*	Brust, Inneres 33
pecunia	Geld 4
pecus, pécoris *n.*	Vieh, Schaf 34
pecus, pécudis *f.*	(Stück) Vieh, Schaf 35
pedes, -itis *m.*	Soldat (zu Fuß) 30
pedester, -tris, -tre	zu Fuß, Fuß- 41
peior, -ius	schlechter 81
pellere	(ver)treiben, stoßen 65
pellis, -is *f.*	Fell, Haut, Pelz 55
penates, -ium *m.*	Hausgötter, Haus 69
pendēre	hängen, schweben 49
penitus	tief, eindringlich, völlig 50
per *Präp. mit Akk.*	durch, hindurch 12, 84
percipere	erfassen, wahrnehmen 86
percontari	untersuchen, sich erkundigen 71
percutere	erschüttern, durchstoßen 69
perdere	verderben, verlieren 65
perducere	(ans Ziel) bringen 61
perferre	überbringen, ertragen 99
perficere	vollenden, durchsetzen 68, 69
perfidus	treulos, wortbrüchig 84
pergere	fortfahren (zu tun) 61
periculosus	gefährlich 86
periculum	Gefahr 13
perire	zugrunde gehen 48
peritus	erfahren, kundig 87
peritus iuris	erfahren in Rechtssachen, rechtskundig 87
permanēre	verharren, fortdauern 48
permittere	überlassen, erlauben 62

permovēre	bewegen, erregen, veranlassen 49
pernicies, -ei	Verderben, Untergang 21
perpetuus	durchgehend, ununterbrochen 103
persequi	verfolgen 73
perseverare	fortfahren (etw. zu tun) 16
persuadēre (*mit* ut)	überreden
(*mit Aci*)	überzeugen 48, 87
perterrēre	erschrecken, einschüchtern 25
pertimescere	in Furcht geraten 108
pertinēre	sich erstrecken, sich beziehen (auf) 86
perturbare	verwirren, stören 22
pervenire	(ans Ziel) gelangen 54
pes, pedis *m.*	Fuß 30
pessimus	der schlechteste 81
petere	erstreben, erbitten verlangen 58, 59
philosophia	Philosophie 37
philosophus	Philosoph 37
pietas, -atis *f.*	Pflichtbewußtsein, Frömmigkeit 29
pingere	malen, ausmalen 108
pirata	Seeräuber 85
pius	pflichtbewußt, fromm, rechtschaffen 16
placare	versöhnen 10
placēre	gefallen 10, 25
senatui placet	dem Senat gefällt es, der Senat beschließt 26, 75
planus	1. flach, eben 2. deutlich 120
plane	völlig, deutlich 120
plaudere	(Beifall) klatschen 77
plebeius	plebejisch; *Subst.*: Plebejer 29
plebs, plebis *f.*	(Volks-)Menge, Plebs 82
plenus	voll 32
plerique	die meisten 22
plerumque	meistens 29
plures, plurium	mehr 81
plurimi, ae, a	sehr viele, die meisten 78, 81
plurimum	am meisten 81
plus	mehr 81
poena	Strafe 25
poenas dare	bestraft werden 56
poeta	Dichter 14

pollicēri	versprechen 104
poma, -orum	Früchte, Obst 93
pondus, -eris *n.*	Gewicht 83
ponere	legen, setzen, stellen 60
pons, pontis *m.*	Brücke 40
populares, -ium *m.*	1. Landsleute 2. die Volkspartei 96
populus	Volk 5
porrigere	hinstrecken, darreichen 76
porro	weiter(hin), ferner 114
porta	Tor, Tür, Pforte 12
portare	bringen, tragen 3
portentum	(schlimmes) Vorzeichen, Ungeheuer 107
porticus, -us *f.*	Säulenhalle 23
portus, -us	Hafen 24
poscere	fordern 70
posse	können, imstande sein 23, *(Perf.)* 25
possessio, -onis *f.*	Besitz 86
possidēre	besitzen 49
post *Präp. mit Akk.*	hinter; nach 12, 84
postea	nachher, später 5
posterior, -ius	der spätere 81
posterus	folgend 103
postquam	nachdem 83
postremo	zuletzt 7
postremus	der letzte, als letzter, zuletzt 77, 81
postridie	am nächsten Tag, tags darauf 79
postulare	fordern 15
potens, -entis	mächtig 43
potentia	Macht 10
potestas, -atis *f.*	(Amts-)Gewalt 29
in potestatem suam redigere	in seine Gewalt bringen 66
aliquid potestatis suae facere	etwas in seine Gewalt bringen 91
potiri	sich bemächtigen 72
potissimum	hauptsächlich, vornehmlich 107
potius	vielmehr, eher, lieber 104
prae *Präp. mit Abl.*	1. vor *(Ortsangabe)* 2. vor *(Verhinderungsgrund)* 100
prae se ferre	vor sich hertragen, an den Tag legen 100
praebēre	darreichen, gewähren 38, 44

praeceptum	Vorschrift, Lehre 38
praecipere	vorschreiben, vorwegnehmen 69
praecipitare	(sich) herabstürzen 44
praeclarus	glänzend, herrlich, vortrefflich 11
praeda	Beute 9
praedicare	ausrufen, rühmen 120
praeditus	ausgestattet, begabt mit 99
praedo, -onis *m.*	(See-)Räuber 47
praeesse	vorgesetzt sein, leiten 20
legionariis praeesse	die Legionäre kommandieren 20
praemium	Lohn, Belohnung 26
praesens, -entis	anwesend, gegenwärtig; in Anwesenheit, persönlich 77
praesertim	zumal, vor allem 50
praesidium	Schutz, Besatzung, Stützpunkt 83
praestans, -antis	vortrefflich, außerordentlich 80
praestare *(mit Dat.)*	voranstehen, übertreffen
(mit Akk.)	leisten, erweisen 26
praestat	es ist besser 26, 75
praeter *Präp. mit Akk.*	an – vorbei; außer, gegen 84
praeterea	außerdem 75
praeterire	vorbeigehen 36
praetor, -oris *m.*	Prätor 27
pravus	verkehrt, schlecht 101
precari	1. bitten, beten 2. wünschen 104
preces, -um *f.*	Bitten 31
premere	drücken 62
pretium	Preis, Wert 91
primo	anfangs, zuerst 29
primum *Adv.*	zum erstenmal 52, 77
cum (ubi, ut) primum *Kj.*	sobald 114
primus	der erste 11, 81
princeps, -cipis *m.*	der Erste, Fürst 42; *Adj.:* erstrangig, der erste 43; als erster, zuerst 77
principatus, -us	führende Stellung, Vorrang, Vorherrschaft 93
principium	Anfang, Grundlage 46
prior, -ius	der vordere 81
pristinus	früher, ehemalig 100

prius *Adv.*	eher, früher 111
priusquam	ehe, bevor 36
privare	berauben, wegnehmen 97
privatus	persönlich, privat 23
pro *Präp. mit Abl.*	für 23, 87
habēre aliquem pro hoste	jem. als Feind betrachten, behandeln 111
probare	prüfen, billigen 28
probus	gut, tüchtig, redlich 72
procedere	vorrücken 64
in publicum procedere	in die Öffentlichkeit gehen, öffentlich auftreten 97
prodere	überliefern, verraten 65
memoriae prodere	überliefern 65
prodesse	nützlich sein, nützen 75
prodire (in scaenam)	auftreten (auf der Bühne, im Theater) 98
producere	vorführen, hervorbringen 61
proelium	Gefecht, Schlacht 20
profecto	wirklich, in der Tat 26
proficere	1. vorankommen, (etwas) ausrichten 2. nützen 83
proficisci	aufbrechen, (ab)marschieren, hervorgehen 74
profitēri	(öffentlich) erklären, angeben 72
progredi	vorrücken 74
prohibēre	abhalten, (ver)hindern 17, 25, 44
proles, -is *f.*	Sprößling, Nachkommenschaft 95
promere	hervorholen, 65, 66
promittere	versprechen 62
prope *Präp. mit Akk.*	nahe bei 39, 84
prope *Adv.*	nahe, beinahe 109
properare	eilen, sich beeilen 2
propinquus	benachbart, nahe, verwandt 18
propior, -ius	der nähere 81
proponere	vorlegen, in Aussicht stellen 60
proprius	eigen(tümlich), wesenhaft 96
propter *Präp. mit Akk.*	wegen 12, 84

propterea	deswegen 71
proscribere	öffentlich bekanntgeben, ächten 91
proscriptio, -onis *f.*	Ächtung, Einziehung des Besitzes 91
prosper(us), a, um	günstig 72
prospicere	
(mit Akk.)	vorhersehen
(mit Dat.)	sorgen für 87
protegere	schützen 61
protinus	vorwärts, unverzüglich 50
proverbium	Sprichwort 98
providēre	
(mit Akk.)	vorhersehen
(mit Dat.)	vorsorgen 49
provincia	Provinz 7
proximus	der nächste, letzte, der letztvergangene 25, 81
prudens, -entis	klug, erfahren 43
prudentia	Klugheit 87
publicum	Öffentlichkeit 97
publicus	öffentlich, staatlich 21
pudet	es beschämt 95
pudor, -oris *m.*	Scham, Scheu, Ehrgefühl 100
puella	Mädchen 6
puer, -eri	Knabe, Kind 13
pueritia	Kindheit, Jugendalter 99
pugna	Kampf 5
pugnare	kämpfen 5
pulcher, -chra, -chrum	schön 13
pulchritudo, -inis *f.*	Schönheit 114
pulsare	klopfen, schlagen 30
punire	bestrafen 55
purus	rein, klar 89
putare	glauben, meinen 8
qua de causa	weswegen, aus welchem Grunde; *relat. Anschluß:* deswegen, daher 68
quaerere	suchen, fragen 46, 58, 59
quaeso	(ich) bitte 75
quaestio, -onis *f.*	Frage, Untersuchung 105
quaestor, -oris *m.*	Finanzbeamter, Quästor 88
qualis, -e	wie beschaffen, was für ein, welch 42
quam	als, wie *(beim Vergleich)* 7 wie *(beim Ausruf)* 15 als *(beim Komparativ)* 80 möglichst *(beim Superlativ)* 105
quam ob rem	weswegen, aus welchem Grunde; *relat. Anschluß:* deswegen, daher 68
quamdiu	solange (als) 107
quamquam	obwohl 18 indes *(am Anfang eines Hauptsatzes)* 117
quamvis *Adv.*	wenn auch noch so, beliebig *(beim Adj.)* 70, 117
quamvis *Kj.*	wenn auch noch so sehr, wie sehr auch 117
quando?	wann? 18
quanto – tanto	je – desto 101
quantopere	wie sehr 50
quantus	wie groß 26
quare (qua re)	weshalb; *relat. Anschluß:* daher, deshalb 72
quasi	1. wie wenn, als ob 2. gleichsam 91
quater	viermal 52
quatere	schütteln 69
-que	und 14
quem?	wen? 3
quemadmodum	auf welche Weise, wie 118
queri	klagen, sich beklagen 73
qui, quae, quod	der, die, das; welcher, -e, -es; wer, was 63
qui	wie 107
qui fit?	wie kommt es? 107
quia	weil 18
quicumque *usw.*	wer auch immer; jeder, der 90
quid?	was? 7
quidam, quaedam, quoddam	ein bestimmter, ein gewisser *usw.* 64
quidam, quaedam, quaedam	einige, manche 64
quidem	gerade, wenigstens, zwar, freilich 79
quies, -etis *f.*	Ruhe, Erholung 30

quiescere	ruhen 70
quietus	ruhig, friedlich 91
quilibet *usw.*	jeder beliebige 90
quin? *Adv.*	warum nicht? 75
quin *Kj.*	daß 108 daß nicht 108, 113
quin *Relativum* (= qui non, quae non, quod non)	der, die, das nicht 119
quin etiam	ja sogar 38
quinquies	fünfmal 52
quippe	freilich, ja 112
quire	können 75
quis?	wer? 7
quid? quem?	was? 7 wen? 3
cui? cuius?	wem? 4 wessen? 5
quis, quid	= aliquis, aliquid (*nach* si, ne *usw.*) 64
quisquam, quicquam	irgend jemand, irgend etwas, irgendein(er) 76
quisque, quidque	jeder 90
quisquis, quidquid	jeder, der; alles, was 90
quivis *usw.*	jeder beliebige 90
quo? *Adv.*	wohin? 36
quo *Adv.*	weswegen, wodurch; *relat. Anschluß:* deswegen, dadurch 100
quo fit, ut . . .	daher kommt es, daß . . . 107
quo *Kj.* (= ut eo)	damit um so 113
quo - eo	je - desto 81
quod	weil 18 daß (die Tatsache/der Umstand, daß) 107
quodsi	wenn nun, wenn aber 116
quomodo	wie, auf welche Weise 28
quondam	einst, einmal 25
quoniam	weil ja 112
quoque	auch 17
quot?	wieviele? 26
quotannis	alljährlich 105
quotiens	wie oft; sooft; jedesmal, wenn 74
radius	Strahl 30
radix, -icis *f.*	Wurzel 109
rapere	raffen, rauben 68, 69
rapina	Raub(zug) 9

raptare	rauben, wegschleppen 9
raro	selten 9
ratio, -onis *f.*	Berechnung, Vernunft, Grund, Art und Weise 28
ratis, -is *f.*	Floß 39
recens, -entis	frisch, neu 110
recipere	zurücknehmen, aufnehmen 68, 69
recitare	vortragen, vorlesen 78
recreare	wiederherstellen, erfrischen 105
rectus	gerade, recht, richtig 28
recusare	ablehnen, sich weigern 55
reddere	(zurück)geben, machen (zu) 52, 65
redigere	in einen Zustand bringen 66
in potestatem suam redigere	in seine Gewalt bringen 66
redire	zurückgehen, zurückkehren 36
reditus, -us	Rückkehr 26
reducere	zurückführen 58, 61
referre	(zurück)bringen, berichten, beziehen auf 85
refert	es liegt daran, es ist wichtig 95
refertus	voll(gestopft) mit 99
reficere	wiederherstellen 70
regere	lenken, leiten 34, 58, 61
regina	Königin 11
regio, -onis *f.*	Richtung, Gegend 28
regius	königlich 51
regnare	König sein, herrschen 48
regnum	(Königs-)Herrschaft, (König-)Reich 51
religio, -onis *f.*	Götterverehrung, Religion, Ehrfurcht 28
relinquere	zurücklassen, verlassen 66
reliquiae, -arum	(Über-)Reste, Rest 40
reliquus	übrig, restlich 65
remanēre	(zurück)bleiben 79
remedium	Heilmittel 32
remittere	zurückschicken, nachlassen 111
removēre	entfernen, wegschaffen 49
renovare	erneuern 24
reperire	finden 54

repetere	zurückfordern, wiederholen 59
reprehendere	tadeln 67
repudiare	zurückweisen, verschmähen 7
rēri	rechnen, meinen 83
res, rei	Sache, Ding 21
res adversae	ungünstige Dinge, Unglück 21
res civiles	Politik 42
res familiaris	Hauswesen, Vermögen 115
res futurae	zukünftige Dinge, Zukunft 21
res militaris	Kriegswesen 42
res publica	Staat 21
res Romanae	römischer Staat, römische Geschichte 21
res secundae	günstige Dinge, Glück 21
re verā	in Wahrheit 31
resistere	Widerstand leisten, innehalten 86
respicere	berücksichtigen 68, 69
respondēre	antworten, entsprechen 32, 49
restare	übrigbleiben 26
retinēre	zurückhalten 8, 25
reus	Angeklagter 27
reverti	zurückkehren 77
rex, regis *m.*	König 31
ridēre	lachen, verlachen 6, 48
ripa	Ufer 22
ritus, -us	1. (religiöser) Brauch 2. Sitte, Art 114
rogare	fragen, bitten 2
ruere	(sich) stürzen 43, 60
ruina	Einsturz; *Pl.:* Trümmer 9
rumpere	brechen *(trans.)* 84
rus, ruris *n.*	Land, Landgut 102
rusticus	Bauer; *Adj.:* ländlich 9
sacer, -cra, -crum	heilig, geweiht 32
sacerdos, -dotis *m.*	Priester 33
sacrificare	opfern 21
sacrificium	Opfer 10
sacrum	Opfer 66
saeculum	Zeitalter, Jahrhundert 81
saepe	oft 4
saepire	einzäunen, umhegen 54

saevire	wüten, toben 53
saevus	wütend, wild 80
sagitta	Pfeil 9
saluber, -bris, -bre	heilsam, gesund 109
salus, -utis *f.*	Wohlergehen, Heil, Rettung 29
desperare de salute	an der Rettung verzweifeln 29
salutare	grüßen, begrüßen 77
salutaris, -e	heilsam, ersprießlich 72
salve!	sei gegrüßt! 47
salvus	wohlbehalten, unverletzt 47
sanare	heilen, gesund machen 78
sancire	heiligen, festsetzen 54
sanctus	geweiht, heilig, ehrwürdig 107
sanguis, -inis *m.*	Blut 30
sanus	gesund 97
sapiens, -entis	weise, verständig 43
sapientia	Weisheit, Einsicht 11
satis	genug 27
saxum	Fels, Steinblock 11
sceleratus, scelestus	frevelhaft, verbrecherisch; *Subst.:* Verbrecher 49
scelus, -eris *n.*	Verbrechen 33
scena *und* scaena	Bühne, Szene 98
in scaenam prodire	auf der Bühne, im Theater auftreten 98
schola	Schule 86
sciens, -entis	wissentlich, mit Wissen 77
scientia	Wissen, Kenntnis 87
scilicet	1. offenbar, natürlich 2. nämlich 119
scire	wissen, verstehen 53
scito! scitote!	wisse! wißt! 54, 74
scribere	schreiben 36, 61
scriptum	Schrift(werk), schriftliche Arbeit 120
se *Akk.*	sich 8
secare	(ab)schneiden 25
secedere	beiseite gehen, weggehen 71
secernere	absondern, trennen 59
secessio, -onis *f.*	Wegzug, Trennung 82
secundum *Präp. mit Akk.*	entlang, gemäß 84
secundus	der zweite; günstig 21
securus	sorglos, unbekümmert 115
sed	aber, sondern 3

sedēre	sitzen 8, 49
sedes, -is *f.*	(Wohn-)Sitz 39
seditio, -onis *f.*	Aufstand 28
semel	einmal 52
semper	immer 2
sempiternus	ewig 119
senator, -oris *m.*	Senator 27
senatorius	senatorisch 29
senatus, -us	Senat (Ältestenrat) 22
senectus, -utis *f.*	Greisenalter, Alter 29
senex, senis *m.*	Greis, alter Mann 31
sensus, -us	Empfindung, Sinn, Denken 112
sententia	Sinnspruch, Satz; Meinung 8
sentire	fühlen, meinen 53, 54
separare	absondern, trennen 97
sepulcrum	Grab, Grabmal 120
sequi	folgen 73
serenus	heiter 104
serere	aneinanderreihen, zusammenfügen 60
serere	säen, pflanzen 108
sermo, -onis *m.*	Gespräch, Sprache 28
sero	spät, zu spät 9
serva	Sklavin 1
servare	bewahren, retten 7
servilis, -e	sklavisch, Sklaven betreffend 105
servire	dienen 53
servitium	Knechtschaft, Sklaverei 26
servitus, -utis *f.*	Knechtschaft 29
servus	Sklave 1
seu	*s.* sive
severus	streng, ernst 17
si	wenn 10
sibi *Dat.*	sich 14
sic	so, auf diese Weise 9
sicut	wie (zum Beispiel) 77
sidus, -eris *n.*	Sternbild, Gestirn 33
signare	bezeichnen; versiegeln 94
signum	Zeichen, Feldzeichen; Bildnis 38
silentium	Schweigen, Stille 78
silva	Wald 24
similis, -e	ähnlich 42
veri similis, -e	wahrscheinlich 91
si minus	wenn nicht, andernfalls 116
simplex, -icis	einfach, schlicht 80
simul *Adv.*	gleichzeitig, zugleich 90

simul, simulatque *Kj.*	sobald; sowie, sooft 114
simulacrum	Bild, Götterbild 10
simulare	vorgeben, heucheln 6
sin autem	wenn aber 65
sine *Präp. mit Abl.*	ohne 12
sinere	lassen, zulassen 58, 59
singularis, -e	einzeln, einzigartig 41
singuli, ae, a	je einer, einzelne 52
sinister, -tra, -trum	link(s) 13
sitis, -is *f.*	Durst 40
situs	gelegen, liegend 80
sive – sive (seu – seu)	sei es daß – oder daß 58, 116
societas, -atis *f.*	Gemeinschaft, Bündnis 96
socius	Gefährte, Bundesgenosse 15
socordia	Sorglosigkeit, Schlaffheit 114
sol, solis *m.*	Sonne 27
solacium	Trost 97
solari	trösten, lindern 71
solēre	gewohnt sein, pflegen 7, 75
solidus	fest, ganz, echt 82
solitus	gewohnt, gebräuchlich 98
solum	Boden, Erdboden 39
solum	nur 4
non solum – sed etiam	nicht nur – sondern auch 4
solus	allein 29, 47
solvere	lösen, zahlen 58, 60
somnus	Schlaf 112
sonus	Ton, Laut 112
sordidus	schmutzig, schäbig, gemein 95
soror, -oris *f.*	Schwester 57
sors, sortis *f.*	Los, Schicksal 40
sortiri	(er)losen, erlangen 72
spargere	ausstreuen, besprengen 63
species, -ei	Aussehen, Gestalt; Schein 31
spectare	betrachten, sehen, schauen 2
spectator, -oris *m.*	Zuschauer, Beobachter 77
spelunca	Höhle 114
sperare	hoffen, erwarten 15
spernere	verschmähen 58, 59
spes, spei	Hoffnung 21
spe celerius	unerwartet schnell 98
spiritus, -us	Hauch, Atem 30

splendidus	glänzend, prächtig 80
spoliare	berauben, ausplündern 97
spondēre	geloben, versprechen 116
sponte (mea *usw.)*	aus eigenem Antrieb, von selbst, freiwillig 100
stare	stehen 8, *(Perf.)* 26 kosten 99
gratis stare	nichts kosten 99
statim	sofort, sogleich 4
statua	Statue, Standbild 1
statuere	aufstellen, feststellen, beschließen 60
statura	Gestalt, Wuchs 101
status, -us	Stellung, Zustand, Verfassung 116
stella	Stern 77
sternere	hinbreiten, hinstrecken 59
stipendium	Sold 17
stipendia merēre	Kriegsdienst leisten 17
strenuus	tatkräftig, energisch, entschlossen 106
stringere	schnüren, streifen, (Schwert) ziehen 61
studēre	sich bemühen 8, 25
studiosus	eifrig bemüht, interessiert 96
studium	Eifer, Beschäftigung 11
stultus	dumm, töricht 99
stupēre	stutzen, staunen 120
suadēre	raten, zureden 48
suavis, -e	süß, gefällig, angenehm 89
sub *Präp. mit Akk. bzw. mit Abl.*	unter 12
subducere	wegbringen, entziehen 61
subicere	unterwerfen 70
subigere	unterwerfen, (be)zwingen 66
subire	herangehen, auf sich nehmen 62
subito *Adv.*	plötzlich 2
subitus	plötzlich 114
sublevare	emporheben, unterstützen 107
sublimis, -e	in die (der) Höhe, hoch, erhaben 109
subvenire	zu Hilfe kommen, abhelfen 87
succedere	nachrücken, nachfolgen 75
sudor, -oris *m.*	Schweiß 85

suffragium	Abstimmung 72
sui *usw.*	seiner (ihrer) *usw.* 15
se *Akk.* sibi *Dat.*	sich 8 sich 14
sumere	nehmen 49, 66
summa	Summe, Gesamtheit 1
summa imperii	höchste Macht, Oberbefehl 29
summus	der oberste, höchste 11, 81
sumptus, -us	Aufwand, Kosten 88
super *Präp. mit Akk.*	über, über - hin 49
superare	übertreffen, überwinden 8
superbia	Hochmut, Stolz 38
superbus	hochmütig, stolz, erhaben 11
superi, -orum	die Überirdischen, Götter 59
superior, -ius	der obere, der frühere 81
superstes, -stitis	überlebend 93
suppetere	vorhanden sein, ausreichen 59
supplex, -icis	bittend, flehend 51
supplicium	1. Gebet 2. (Todes-)Strafe 99
supra *Präp. mit Akk.*	oberhalb, über 78, 84
supremus	der letzte, der oberste, höchste 81
surgere	sich erheben, aufstehen 61
suscipere	unternehmen, aufnehmen 68, 69
suspicari	verdächtigen, vermuten 73
suspicio, -onis *f.*	Verdacht, Vermutung 85
sustinēre	aushalten 25
suus	sein 14
taberna	Bude, Laden, Wirtshaus 20
tabula	Tafel, Gemälde 2
tacēre	schweigen 6, 25
taeter, -tra, -trum	abscheulich, häßlich 75
talis, -e	so beschaffen, solch 42
tam	so *(beim Adj.)* 15
tam - quam	so - wie 15
tamen	dennoch 6
tametsi	wenngleich, auch wenn 117
tamquam (si)	wie wenn, (gleich) als ob 85
tandem	endlich 2
tangere	berühren 65
tantum	nur 15

tantus	so groß 25
tardus	langsam, spät 100
taurus	Stier 23
tectum	Dach, Haus 10
tegere	decken, bedecken 61
telum	Geschoß 32
temere	unüberlegt, leichtfertig 50
temperantia	Mäßigung, Selbstbeherrschung 116
temperare	1. ordnen, leiten 2. richtig mischen, mäßigen 3. schonen 87
temperare ab iniuria	sich eines Unrechts enthalten 87
tempestas, -atis *f.*	Gewitter, Sturm; Zeit 45
templum	Tempel 10
temptare	befühlen, versuchen, angreifen 5
tempus, -oris *n.*	Zeit, Lage 33
tendere	spannen, strecken, zielen 65
tenebrae, -arum	Finsternis, Dunkelheit 119
tener, -era, -erum	zart, jung 13
tenēre	halten 6, 25
memoriā tenēre	im Gedächtnis behalten 18
tenuis, -e	dünn, schwach, gering 113
ter	dreimal 52
terere	reiben, aufbrauchen 58, 59
tergum	Rücken 12
terra	Erde, Land 9
terrā marique	zu Wasser und zu Land 40
terrēre	(er)schrecken 6, 25
terrēri	erschrecken *(intrans.)* 72
terror, -oris *m.*	Schrecken 27
testamentum	letztwillige Verfügung, Testament 94
testimonium	Zeugnis, Beweis 32
theatrum	Theater 24
thermae, -arum	warme Bäder, Thermen 41
timēre	fürchten 6, 25
timēre, ne . . .	fürchten, daß . . . 25
timidus	furchtsam 77
timor, -oris *m.*	Furcht 27
toga	Toga, Gewand 19
tolẹrare	ertragen, erdulden 28
tollere	aufheben, beseitigen 65, 85
torquēre	drehen, foltern 32, 48
tot *(unveränderlich)*	so viele 86
totus	ganz 40, 47
tractare	behandeln, besprechen 117
tradere	übergeben, überliefern 56, 65
traducere	hinüberführen 63
trahere	ziehen, schleppen 62
traicere	hinüberbringen, übersetzen 69
tranquillus	ruhig, friedlich 79
trans *Präp. mit Akk.*	jenseits, über, über – hinüber 84
transcendere	hinübersteigen, überschreiten 83
transferre	hinüberbringen, übertragen 95
transire	hinübergehen, überschreiten 36
tremere	zittern 60
tribuere	zuteilen, zuweisen 76
tribunus	Tribun, Offizier 7
tributum	Abgabe, Steuer, Tribut 66
triduum	Zeitraum von drei Tagen 103
tristis, -e	traurig 41
triumphus	Triumph(zug) 34
tu	du 7, 15
te *Akk.* tibi *Dat.*	dich 3 dir 4
tuba	Trompete 115
tuēri	im Auge haben, schützen 72
tum	da, dann, darauf, damals 2
tumultus, -us	Aufruhr, Unruhe 22
turba	Trubel, Menge 27
turbare	verwirren, stören 22
turpis, -e	schimpflich, häßlich, schändlich 41
turris, -is *f.*	Turm 40
tutari (a)	schützen (vor) 71
tutus	geschützt, sicher 16
tuus	dein 14
tyrannus	Alleinherrscher, Tyrann 75
ubi? *Adv.*	wo? 2
ubi *Kj.*	sobald *(mit Ind. Perf.)* 64 sowie, sooft 114
ubi primum	sobald 114
ubique	überall 23

ulcisci	(sich) rächen, strafen 74
ullus	irgendein(er) 89
ulterior, -ius	der jenseitige 81
ultimus	der äußerste, letzte; als letzter, zuletzt 57, 77, 81
ultra *Präp. mit Akk.*	jenseits, über, über – hinaus 81, 84
ultra *Adv.*	darüber hinaus 94
umbra	Schatten 100
umquam	jemals 72
una	zusammen (mit), zugleich 99
unda	Welle, Woge 26
unde?	woher? 17
úndique	von überall her, von allen Seiten 34
unicus	einzig, einzigartig 120
universus	gesamt, ganz 73
universi, ae, a	alle (zusammen, insgesamt) 73
unus	einer, allein 13, 52, 77
unusquisque *usw.*	jeder einzelne, ein jeder 90
urbanus	städtisch, kultiviert; *Subst.*: der Städter 87
urbs, urbis *f.*	Stadt 40
urere	(ver)brennen 39, 62
urgēre	drängen, bedrängen 48
usquam	irgendwo 109
usque ad	bis zu 24
usus, -us	Gebrauch, Nutzen, Übung 22
ut *Adv.*	wie 8
ut *Kj.*	1. daß 19 *(Subjekt- und Objektsatz)* 2. damit 19, 113 *(Finalsatz)* 3. daß; so daß 107, 113 *(Konsekutivsatz)* 4. sobald; sowie; sooft 64, 114 *(Temporalsatz)* 5. gesetzt, daß; wenn auch 117 *(Konzessivsatz)*
ut – ita *(mit doppeltem Superl.)*	in dem Maße wie – so, je – desto 118
ut – ita	zwar – aber 118
ut primum	sobald 114
ut si	wie wenn, als ob 118
ut – sic	zwar – aber 118
uter, utra, utrum	wer? welcher? (von zweien) 89
utérque, utraque, utrumque	jeder (von zweien), beide 89
uti	gebrauchen, benützen 73
utilis, -e	nützlich, brauchbar 42
utilitas, -atis *f.*	Nutzen, Vorteil 96
útinam	daß doch, wenn doch 19
utrum	1. unübersetzt *(in unabhängigen Doppelfragen)* 2. ob *(in abhängigen Doppelfragen)* 108
uxor, -oris *f.*	Ehefrau, Gattin 32
uxorem ducere	heiraten 63
vacare	leer sein, frei sein 97
vacuus	leer, frei 20
vadere	schreiten, gehen 58
vagari	unherschweifen, sich verbreiten 83
valde	sehr 8
valēre	gesund sein, vermögen 7, 25
vale!	leb wohl! 43
valetudo, -inis *f.*	Befinden, Gesundheit 31
validus	gesund, stark 80
vallis, -is *f.*	Tal 39
vallum	Wall, Verschanzung 113
varius	bunt, mannigfach; wankelmütig 39
vas, vasis *n.*	Gefäß 35
vasa, -orum	Gefäße, Geschirr 35
vastus	weit; wüst, öde 27
vates, -is *m.*	Seher, Dichter 59
vehemens, -entis	heftig, nachdrücklich 43
vehere	bewegen, fahren *(trans.)* 68
vehi	gefahren werden, fahren *(intrans.)* 68, 73
vel	oder 9
vel – vel	entweder – oder 10
velle	wollen 86
vult	er, sie, es will 6
velut	wie, zum Beispiel 10
velut si	wie wenn, als ob 118
vendere	verkaufen 68
venenum	Gift 31
venia	Nachsicht, Verzeihung 44
venire	kommen 53, 54
venter, -tris, *m.*	Bauch 48
ventus	Wind 30

ver, veris *n.*	Frühling 35
verbera, -um *n.*	Prügel, Schläge 36
verbum	Wort 10
verēri	(sich) scheuen, fürchten; verehren 72
veri similis, -e	wahrscheinlich 91
vero	aber 40
nisi vero	es müßte denn sein, daß 116
versare	hin- und herwenden 92
versari	1. sich befinden, sich aufhalten 2. sich beschäftigen 71
versus, -us	Vers 22
vertere	wenden 58, 67
vertex, -icis *m.*	Wirbel, Scheitel, Gipfel 60
verus	wahr, wahrhaft 22
re verā	in Wahrheit 31
vester, -tra, -trum	euer 14
vestigium	Fußstapfe, Spur, Stelle 114
vestire	bekleiden 113
vestis, -is *f.*	Kleid, Kleidung 39
vestitus, -us	Kleidung 97
vetare	verbieten 25
vetus, -eris	alt 43
vetustus	alt, altertümlich 81
vexare	quälen, heimsuchen 4
via	Weg, Straße 12
vicinus	benachbart, nahe; *Subst.*: Nachbar 12
victor, -oris *m.*	Sieger 27
victoria	Sieg 5
victus, -us	Lebensunterhalt, Lebensweise 22
vicus	Wohngebiet, Dorf; Gasse 9
vidēre	sehen 6, *(Perf.)* 46, 49
vidēri	scheinen 72
vigēre	frisch, kräftig sein 37
vigilare	wachen, wach sein 8
vigilia	(Nacht-)Wache, Wachtposten 85
vilis, -e	billig, wertlos 75
villa	Villa, Landhaus, Landgut 1
vincere	siegen, besiegen 66
vincire	fesseln, binden 54
vinculum	Band, Fessel 13
vinum	Wein 14
violare	mißhandeln, verletzen 25
vir, viri	Mann 13
virgo, -inis *f.*	Mädchen 41
virtus, -utis *f.*	Tüchtigkeit, Tugend, Tapferkeit, Leistung 29
vis (vim, vi) *f.*	Kraft, Gewalt; Menge 40
vires, -ium *f.*	Kräfte, Streitkräfte 40
vi et armis	mit Waffengewalt 40
visitare	besuchen 74
vita	Leben 13
vitare	meiden, vermeiden 3
vitis, -is *f.*	Rebe, Weinstock 108
vitium	Fehler, Laster, Verstoß 88
vivere	leben 47, 61
vivus	lebend, lebendig, bei Lebzeiten 77
vix	kaum 12
vocabulum	Benennung, Wort 104
vocare	rufen, nennen 3
volare	eilen, fliegen 6
voluntas, -atis *f.*	Wille, Absicht 37
voluptas, -atis *f.*	Vergnügen, Lust 37
volvere	wälzen, rollen 60, 67
vos	ihr 15
vos *Akk.*	euch 6
vobis *Dat.*	euch 15
votum	Gelübde, Gebet 18
vox, vocis *f.*	Stimme, Wort 31
vulgus, -i *n.*	die (breite) Masse, Menge, Volk 113
vulnerare	verwunden 5
vulnus, -eris *n.*	Wunde, Verletzung 48
vult	er, sie, es will 6
vultus, -us	Miene, Gesichtsausdruck 46

Wichtige grammatische Begriffe

Zahlenangaben verweisen auf den entsprechenden Grammatikteil der Teilbände „Grammatik und Wortschatz“ I (1-70) und II (71-120).

Eigennamenverzeichnis

Es werden nur die Eigennamen aufgeführt, die in den lateinischen Texten vorkommen. Die Namen bekannter Persönlichkeiten erscheinen unter der gebräuchlichsten Form, also P. Cornēlius Scīpiō unter Scīpiō und nicht unter Cornēlius, C. Iūlius Caesar unter Caesar und nicht unter Iūlius. Auch die Autoren der Lesestücke (L) und der zusätzlichen Texte (Z) finden sich in diesem Eigennamenverzeichnis. Zu den Abkürzungen der lateinischen Vornamen vgl. G 81 d.

Acadēmīa, -ae	Name der Philosophenschule, die Platon um 385 v. Chr. in der Nähe der Kultstätte des attischen Heros Akádēmos im Nordwesten Athens gründete.
Achillēs, -is	Achilleus, tapferster Held der Griechen vor Troja
Acrópolis, -is	griech. Akrópolis ‚Hochstadt', der Burgberg griechischer Städte; die bekannteste Akropolis war die von Athen.
Aegyptius, a, um	ägyptisch, Subst.: der Ägypter
Aegyptus, -ī *f.*	Ägypten
Aeliānus, -ī	Aemilius Aeliānus aus Corduba, wegen abfälliger Äußerungen über Kaiser Augustus angeklagt, von diesem aber großzügig behandelt
Aequī, -ōrum	die Äquer, italisches Bergvolk in Mittelitalien
Aeschinēs, -is	Aischines, geb. um 390 v. Chr., athenischer Redner, Gegner des Demosthenes
Aetna, -ae	der Ätna, feuerspeiender Berg an der Ostküste Siziliens
Āfrica, -ae	Afrika, bes. Nordafrika
Agamemnō(n), -onis	Anführer der Griechen vor Troja
Agrasius, -ī	P. Agrasius, Gesprächspartner Varros im Tempel der Tellus
Agrigentum, -ī	Stadt in Sizilien (griech. Akragas, heutiger Name Agrigento)
Agrigentīnī, -ōrum	Bewohner der griech. Stadt Agrigentum in Sizilien; ihr Reichtum und ihre üppige Lebensführung wurden im Altertum oft erwähnt; die Reste mehrerer Tempel sind heute noch zu sehen.
Agrippa, -ae	Agrippa Postumus, Enkel des Augustus, von diesem adoptiert, aber später verbannt s. auch Menenius

Agrippīna, -ae	Enkelin des Augustus, Gattin des Germanicus, Mutter des Caligula; 33 n. Chr. in der Verbannung gestorben.
Agrius, -ī	C. Agrius, Gesprächspartner Varros im Tempel der Tellus
Albīnus, -ī	Spurius Albīnus, ein Ädil, der den Freigelassenen Crēsimus wegen Zauberei vor Gericht brachte.
Alcibiadēs, -is	Alkibiades, athenischer Feldherr und Politiker (452-404 v. Chr.), Schüler des Sokrates
Alexander, -drī	Alexander d. Gr., König der Makedonen (356-323 v. Chr.), Eroberer des persischen Reiches
Alexandrīa, -ae	Hafenstadt in Ägypten, in der Nähe der Mündung des westlichsten Nilarmes gelegen, von Alexander d. Gr. gegründet
Alexandrīnus, a, um	alexandrinisch, zur Stadt Alexandría gehörig
Āllia, -ae	linker Nebenfluß des Tiber ca. 15 km nördl. von Rom; hier wurde am 18. Juli 387 v. Chr. ein röm. Heer durch die Gallier vernichtend geschlagen.
Alpēs, -ium	die Alpen
Anacharsis, -is	nach griech. Überlieferung ein skythischer Fürst des frühen 6. Jh.s v. Chr., der nach Griechenland reiste, um die hellenische Kultur kennenzulernen.
Anaxagorās, -ae	ionischer Naturphilosoph (500-428 v. Chr.), Freund und Berater des Perikles
Aniō, -ōnis	linker Nebenfluß des Tiber wenige Kilometer nördl. von Rom, Grenzfluß zwischen Sabiner- und Latinerland
Antiochus, -ī	1. Antíochos III., d. Gr. (223-187 v. Chr.), König von Syrien 2. Antíochos von Askalon, griech. Philosoph (geb. um 120 v. Chr.), Oberhaupt der Akademie in Athen; seine Vorlesungen wurden von Cicero besucht.
Antiphō(n), -ōntis	griech. Sophist, Zeitgenosse und Gegner des Sokrates
Antipolis, -is	Stadt an der franz. Mittelmeerküste (griech. Antípolis, heutiger Name Antibes)
Apollō, -inis	Apollon, griech. Gott der musischen Künste
Āra Māxima	Heraklesaltar auf dem Forum Boārium in Rom
Ariovistus, -ī	Ariovíst, Anführer der Sueben; zog um 72 v. Chr. über den Rhein, um die Séquaner gegen die Häduer zu unterstützen; 58 v. Chr. von Caesar besiegt.
Aristīdēs, -is	Aristeides, athenischer Politiker (ca. 540-467 v. Chr.), Zeitgenosse des Themístokles, mit dem Beinamen ‚der Gerechte' ausgezeichnet
Aristophanēs, -is	Aristóphanes von Byzanz, bedeutender griech. Philologe, von Ptolemaios I. zum Vorstand der Bibliothek von Alexandría berufen
Aristoteles	griech. Philosoph (384-322 v. Chr.), Schüler Platons, Lehrer Alexanders d. Gr.; unter den zahlreichen Werken, die aus Forschung und Lehre des Aristoteles erhalten sind, findet sich auch eine Schrift über die ‚Staatsverfassung der Athener', die den Anfang eines nicht erhaltenen Sammelwerks von 158 griech. Staatsverfassungen bildete.
Arpīnum, -ī	Stadt in Latium, Geburtsort von Cicero und Marius (heutiger Name Arpino)
Arvernī, -ōrum	die Arverner, Volksstamm in Gallien in der heutigen Auvergne
Asia, -ae	Asien, sowohl der ganze Erdteil als auch besonders Kleinasien
Askalon	Handelsstadt an der Südküste Palästinas
Athēnae, -ārum	Athen, Hauptstadt Attikas
Athene	s. Minerva

Athēniēnsis, -e	athenisch; Subst.: der Athener, Bewohner Athens
Atīlius, -ī	s. Regulus
Attica, -ae	Attika, griech. Landschaft mit der Hauptstadt Athen
Atticus, a, um	attisch, athenisch
Atticus, -ī	T. Pompōnius Atticus, röm. Ritter (110–32 v. Chr.); er stand mit den meisten angesehenen Römern seiner Zeit in freundschaftlicher Verbindung, besonders mit Cicero; sein umfangreicher Briefwechsel mit diesem ist erhalten; den Beinamen ‚Atticus' bekam er wegen seines langen Aufenthalts in Athen und wegen seiner griechischen Bildung.
Atys, -yis	sagenhafter Stammvater der Könige Lydiens, Vater des Tyrrhenos und des Lydos
Augustus, -ī	röm. Kaiser (30 v. Chr.–14 n. Chr.); hieß urspr. Gāius Octāvius, nach seiner Adoption durch Cäsar C. Iūlius Caesar Octāviānus, seit 27 v. Chr. Imperātor Caesar Augustus.
S. Aurēlius Victor	röm. Geschichtsschreiber im 4. Jh. n. Chr.; Verfasser der Kaisergeschichte ‚De Caesaribus', welche von Augustus bis zum Jahre 360 n. Chr. reicht. Unter seinem Namen ist auch eine Schrift ‚De viris illustribus urbis Romae' erhalten.
Bacchus, -ī	Bákchos oder Diónysos, griech. Gott des Weines
Bāiae, -ārum	Stadt in Kampanien westl. von Neapel, vielbesuchter Badeort der Römer
Belgae, -ārum	Sammelname der im nördlichen Teil Galliens wohnenden Volksstämme
Bellovacī, -ōrum	belgischer Volksstamm im Gebiet der heutigen Stadt Beauvais
Bīthȳnia, -ae	Bithynien, kleinasiatische Landschaft südl. des Schwarzen Meeres
Britannia, -ae	Britannien, die Insel England mit Schottland
Britannī, -ōrum	die Britannier, Bewohner Britanniens
Brundisium, -ī	Hafenstadt in Süditalien, Überfahrtsort nach Griechenland (heutiger Name Brindisi)
Brūtus, -ī	L. Iūnius Brūtus, nach der Überlieferung Begründer der röm. Republik; unter seiner Führung soll um 510 v. Chr. der letzte König Tarquinius Superbus vertrieben worden sein; zusammen mit L. Tarquinius Collatīnus 509 v. Chr. erster Konsul der Römer.
Cācus, -ī	Sohn des Vulkan, nach der späteren Sage ein Straßenräuber in Italien, von Herakles wegen Rinderdiebstahls erschlagen
Caesar, -aris	C. Iūlius Caesar (geb. 100 v. Chr.), bedeutender röm. Politiker, Heerführer und Schriftsteller; eroberte in den Jahren 58–51 als Prokonsul der Provinz Gallia Nārbōnēnsis das gesamte restl. Gallien bis zum Rhein, setzte zweimal über den Rhein und unternahm zwei Expeditionen nach Britannien; siegte im Bürgerkrieg über Pompeius; wurde an den Iden des März (15. März) 44 v. Chr. ermordet.
Caesarēs, -um	die Cäsáren (= die römischen Kaiser, die als Nachfolger Cäsars dessen Namen trugen)
Caligula, -ae	röm. Kaiser (37–41 n. Chr.), geb. 12 n. Chr., Sohn des Germānicus und der Agrippīna; hieß vor seiner Thronbesteigung Cāius Iūlius Caesar; den Beinamen Caligula (‚Soldatenstiefelchen') erhielt er von den Soldaten, weil er als kleines Kind im Lager, wo er lange mit seinen Eltern lebte, häufig Soldatentracht trug.
Camillus, -ī	M. Fūrius Camillus, röm. Kriegsheld, Eroberer von Veji (396 v. Chr.) und Besieger der Gallier; nach Romulus der zweite Gründer Roms genannt.

Capitōlīnus, a, um	kapitolinisch, zum Kapitol gehörig; Beiname des M. Manlius, weil er das Kapitol vor den Galliern gerettet hat.
Capitōlium, -ī	das Kapitól, der Burgberg von Rom
Carthāginiēnsis, -e	karthagisch; Subst.: der Karthager
Carthāgō, -inis	Karthágo, mächtige Handelsstadt in Nordafrika in der Nähe des heutigen Tunis; von Phöniziern aus Tyros um 800 v. Chr. gegründet und 146 v. Chr. von den Römern zerstört.
Catana, -ae	Stadt an der Ostküste Siziliens in der Nähe des Ätna (griech. Katáne, heutiger Name Catania)
Catilīna, -ae	L. Sergius Catilīna, aus altem röm. Patriziergeschlecht stammend; bei der Wahl zum Konsulat des Jahres 63 v. Chr. unterlegen, suchte er mit Hilfe einer Verschwörung die Macht im Staat zu erringen; seine Umsturzpläne wurden durch den Konsul Cicerō aufgedeckt; im Januar 62 v. Chr. ist Catilīna im Kampf gegen ein Heer des Senats gefallen.
Catō, -ōnis	M. Porcius Catō der Ältere, röm. Politiker, Redner und Schriftsteller; geb. 234 in Tusculum; 195 v. Chr. Konsul, 184 v. Chr. Zensor; gest. 149 v. Chr. als unversöhnlicher Feind Karthagos.
Cicerō, -ōnis	1. M. Tullius Cicerō (106–43 v. Chr.), röm. Anwalt, Redner, Politiker und Schriftsteller; deckte als Konsul 63 v. Chr. die Verschwörung des Catilina auf; von den zahlreichen Schriften Ciceros wurden im vorliegenden Übungsbuch die folgenden Werke verwendet: ‚Tusculanae disputationes', ‚De re publica', ‚De officiis', ‚De finibus', ‚De natura deorum', ‚Epistulae ad Atticum', ‚Pro Caelio oratio'. 2. Q. Tullius Cicerō, Bruder des Redners M. Tullius Cicerō, der Nachwelt bekannt aus dem Briefwechsel zwischen beiden; kämpfte unter Cäsar in Gallien als Befehlshaber einer Legion. 3. L. Tullius Cicerō, Vetter Ciceros; hörte 79 v. Chr. zusammen mit den Brüdern Q. und M. Cicerō und T. Pompōnius Atticus in Athen Vorlesungen bei dem Philosophen Antíochos von Askalon.
Cimbrī, -ōrum	die Kimbern, germanisches Volk, das aus dem Gebiet des heutigen Jütland und Schleswig-Holstein zusammen mit den Teutonen nach Süden zog und 101 v. Chr. von Marius bei Vercellae in Oberitalien vernichtet wurde.
Cīneas, -ae	Kineas, aus Thessalien stammender Freund und Unterhändler des Königs Pyrrhos
Circus Māximus	großer Kampfplatz für Spiele in Rom
Cloāca Māxima	die Cloaca Maxima, der älteste Entwässerungskanal Roms; er ermöglichte die Anlage des Forums und führt unterirdisch von diesem zum Tiber.
Clūsium, -ī	Stadt in Etrurien; von den Galliern belagert, ehe sie 387 v. Chr. nach Rom zogen (heutiger Name Chiusi).
Colōnēus, a, um	Adj. zu Colōnus, -ī (griech. Kolonós), Hügel und Ort im Nordwesten Athens; aus dem Demos Kolonos stammte der griech. Tragiker Sophokles.
Columna Iōannēs	Kardinal Giovanni Colonna (14. Jh.), Angehöriger der berühmten römischen Adelsfamilie Colonna; nahm 1330 Francesco Petrarca als Kaplan in seinen Dienst, mit dem ihn noch lange nachher freundschaftliche Beziehungen verbanden. Als Petrarca anläßlich seiner Krönung zum poēta laureātus 1341 zum ersten Mal nach Rom kam, schrieb er an Giovanni Colonna den als Abschlußkapitel dieses Übungsbuches abgedruckten Brief.

Cōnstantīnus, -ī — Konstantin I., der Große, römischer Kaiser (306–337 n. Chr.); unter ihm wurde das Christentum staatlich anerkannt und gefördert, seine Herrschaft bedeutet eine Zeitenwende und den Beginn der Spätantike. Konstantin verlegte 330 n. Chr. die Hauptstadt des Reiches von Rom nach Konstantinopel, der nach ihm benannten Stadt, die vorher Byzantion hieß (heute Istanbul).

Cordubēnsis, -e — aus Córduba in Spanien (heutiger Name Córdoba)

Corinthus, -ī *f.* — Korinth, wichtigste griech. Handelsstadt, am Isthmos, der Landenge zwischen Attika und der Peloponnes, gelegen

Cornēlia, -ae — Tochter des älteren Scīpiō, Mutter der Gracchen

Cornēlius, a, um — zur gēns Cornēlia gehörig; die Cornelier waren eines der angesehensten Geschlechter Roms.
s. auch Sulla

Crassus, -ī — M. Licinius Crassus Dīves, zusammen mit Cn. Pompēius im Jahre 70 v. Chr. Konsul

Crēsimus, -ī — C. Fūrius Crēsimus, Freigelassener und Landwirt aus der Mitte des 2. Jh.s v. Chr., der wegen Zauberei von dem Ädilen Spurius Albīnus vor Gericht gebracht wurde.

Crēta, -ae — Kreta, Insel im östlichen Mittelmeer

Croesus, -ī — Kroisos, durch seinen sprichwörtlichen Reichtum bekannter König von Lydien; wurde 546 v. Chr. von den Persern besiegt.

Cūmae, -ārum — älteste und nördlichste griech. Kolonie auf dem italischen Festland, um die Mitte des 8. Jh.s v. Chr. gegründet; eine Tochtergründung von Cumae war Neapel.

Curtius Rūfus — röm. Geschichtsschreiber; er verfaßte eine ‚Geschichte Alexanders des Großen' in 10 Büchern, die bis auf die beiden ersten fast vollständig erhalten sind. Über seine Lebenszeit wissen wir wenig; vielleicht war er ein Zeitgenosse des Kaisers Claudius.

Cycladēs, -um *f.* — die Kykladen, die im Kreis (griech. kýklos) um Delos liegenden Inseln des Ägäischen Meeres

Cynicus, a, um — kynisch, zur kynischen Philosophie gehörig; vgl. I 100

Cyrēnaeus, a, um — kyrenäisch; Adj. zu Kyrene, der Hauptstadt der Landschaft Kyrenaika in Nordafrika.

Decimus, -ī — römischer Vorname

Dēlus, -ī — Delos, Insel im Ägäischen Meer, Geburtsort des Apollon

Demáratos — spartanischer König, der gestürzt und verbannt wurde; am persischen Hof Ratgeber der Könige Dareios und Xerxes.

Dēmētrius, -ī — Demetrios, kynischer Philosoph des 1. Jh.s n. Chr., Freund des Seneca

Dēmosthenēs, -is — der berühmteste attische Redner (384–322 v. Chr.); als Politiker war Demosthenes Gegner Philipps und Alexanders d. Gr. und kämpfte für die Selbständigkeit der griech. Stadtstaaten.

Diāna, -ae — Göttin der Jagd, griech. Artemis

Dionysios von Halikarnassos — griech. Rhetor, der 30 v. Chr. nach Rom kam; nach seiner Meinung sind die Etrusker Ureinwohner Italiens und nicht, wie Herodot sagt, aus Lydien eingewandert.

Dionȳsius, -ī — Dionysios I., Tyrann von Syrakus (ca. 430–367 v. Chr.)

Diónysos — s. Bacchus

Dīviciācus, -ī — Fürst des gallischen Stammes der Häduer und Freund der Römer; war schon vor Cäsars Ankunft in Gallien in Rom gewesen und hatte den Senat um Hilfe gegen den Stamm der Sequaner gebeten.

Domitiānus, -i — Domitian, röm. Kaiser (81–96 n. Chr.), Sohn des Vespasian, Bruder des Titus

Ephesius, a, um — ephesisch; Subst.: der Ephesier, Bewohner von Ephesos
Ephesus, -ī *f.* — Éphesos, Stadt an der Küste Kleinasiens mit berühmtem Artemistempel
Epicūrus, -ī — Epikur, griech. Philosoph aus Samos (342–270 v. Chr.); sein Interesse war vor allem auf das Diesseits gerichtet, auf den Menschen und dessen Glück; seine Anhänger sind die Epikuréer.
Ēpīrus, -ī *f.* — Épeiros, Landschaft in Westgriechenland am Ionischen Meer
Erasmus von Rotterdam — bedeutendster Vertreter des europäischen Humanismus (1469–1536); das Stück in diesem Übungsbuch ist den ‚Schülergesprächen (Familiarium colloquiorum formulae)' entnommen; derartige Schriften der Humanisten hatten das Ziel, die Lateinkenntnisse von Schülern und Studenten zu verbessern und zugleich Einfluß auf Benehmen, Gesinnung und Lebensführung zu nehmen.
Etrūscus, a, um — etruskisch; Subst.: der Etrusker
Euander, -drī — Sohn des Hermes, arkadischer Held; kam der Sage nach als Verbannter nach Rom, errichtete ein Dorf auf dem Palatin und zivilisierte die Urbevölkerung. Er nahm Herakles auf, als dieser nach Latium kam.
Eurōpa, -ae — Erdteil, nach der phönizischen Königstochter Europa benannt
Eurōtās, -ae — Hauptfluß der lakonischen Ebene um Sparta
Eurybiadēs, -is — spartanischer König, der in der Seeschlacht bei Salamis (480 v. Chr.) den Oberbefehl führte.
Eutropius — röm. Geschichtsschreiber im 4. Jh. n. Chr.; verfaßte für Kaiser Valens (364–378 n. Chr.) einen Abriß der röm. Geschichte in 10 Büchern von der Gründung Roms bis zur Thronbesteigung des Valens.

Fabius, -ī — Befehlshaber des röm. Heeres in der Schlacht an der Allia
Florus — röm. Geschichtsschreiber unter Hadrian (Anfang des 2. Jh.s n. Chr.); Verfasser eines Abrisses der röm. Geschichte in 2 Büchern bis zum Jahre 29 v. Chr.; sein Werk, das den Titel ‚Auszug aus Titus Livius' trägt, ist eigtl. ein Bericht über die Kriege der Römer von der Gründung Roms an bis zu Augustus. Ob er mit dem Dichter Florus, dem Zeitgenossen und Freund Hadrians (vgl. Z 102 und Z 118) identisch ist, ist ungewiß.
Fundānius, -ī — Gesprächspartner Varros im Tempel der Tellus
Fūrius, -ī — s. Crēsimus

Gāius, -ī — röm. Vorname; Gāius Caesar, Sohn des Agrippa und der Julia, Enkel des Augustus, geb. 20 v. Chr., gest. 4 n. Chr. in Lykien in Kleinasien
Galba, -ae — für kurze Zeit Nachfolger Neros auf dem Kaiserthron
Gallī, -ōrum — die Gallier, Bewohner Galliens
Gallia, -ae — Gallien; die Römer unterschieden die Gallia citerior oder Gallia Cisalpīna von der Gallia ulterior oder Gallia Trānsalpīna.
Gallicus, a, um — gallisch, Gallien betreffend
Gellius — A. Gellius, röm. Schriftsteller (ca. 125–170 n. Chr.); Verfasser eines Werkes in 20 Büchern, das zur Erinnerung des Autors an sein Studienjahr in Athen den Titel ‚Attische Nächte (Noctes Atticae)' trägt. Gellius hat hier in zwangsloser Gesprächsform interessante Notizen zur Religions-, Rechts-, Literatur-, Philosophie- und Kulturgeschichte aus griech. und röm. Schriftstellern zusammengetragen.

Germānia, -ae	Germanien
Germānicus, -ī	Enkel des Augustus, Bruder des Claudius und Vater Caligulas, 19 n. Chr. in Syrien gest.
Germānus, a, um	germanisch; Subst.: der Germane, Bewohner Germaniens
Gēryōn, -ōnis	Riese und Besitzer großer Rinderherden, die ihm Herakles entführte.
Gracchus, -ī	1. Tib. Semprōnius Gracchus, Volkstribun 133 v. Chr.; scheiterte bei dem Versuch, den besitzlosen Bürgern durch Landzuteilung zu helfen; er kam um, als er gegen das Gesetz seine Wiederwahl zum Volkstribunen durchsetzen wollte. 2. C. Semprōnius Gracchus, Bruder des Tib. Gracchus, dessen Reformwerk er 123 v. Chr. fortsetzte; 121 v. Chr. ließ er sich von einem Sklaven töten, um nicht seinen Gegnern in die Hände zu fallen.
Graecia, -ae	Griechenland
Graecia Magna	Großgriechenland, das von Griechen besiedelte Süditalien und Sizilien
Graecus, a, um	griechisch; Subst.: der Grieche
Hadriānus, -ī	Hadrian, röm. Kaiser (117–138 n. Chr.), in der spanischen Stadt Italica geb., von Trajan durch Adoption zum Nachfolger bestimmt; er unternahm viele Besichtigungs- und Verwaltungsreisen in die Provinzen des röm. Reiches, baute den Hadrianswall in England und ließ in Rom den Neubau des Pantheon und als letzte Ruhestätte für sich und seine Familie ein Mausoleum, die heutige Engelsburg, erbauen.
Haeduī, -ōrum	die Häduer, Volksstamm in Gallien
Hamilcar, -aris	Hamilkar, karthagischer Feldherr, Vater Hannibals
Hannibal, -alis	karthagischer Feldherr im 2. Punischen Krieg, ältester Sohn des Hamilkar Barkas, geb. um 248 v. Chr., gest. 183 v. Chr. durch Selbstmord am Hofe des Königs Prusias von Bithynien
Hannō, -ōnis	Empfänger eines Briefes des Anacharsis
Hector, -oris (Akk. -ora)	Held vor Troja, von Achill im Zweikampf getötet
Hellespontus, -ī	Meerenge zwischen Europa und Asien, von Xerxes auf seinem Zug gegen Griechenland mit einer Schiffsbrücke überbrückt (heute die Dardanellen)
Helvētiī, -ōrum	die Helvetier, keltisches Volk im Gebiet der heutigen Schweiz
Hēraclītus, -ī	Heraklit von Ephesos (ca. 550–480 v. Chr.), griech. Philosoph
Herculēs, -is	Herakles, Held der griech. Sage
Hermodōrus, -ī	Hermódoros, sonst unbekannter Politiker von Ephesos
Hermes	s. Mercurius
Hērodotus, -ī	Herodot, griech. Geschichtsschreiber (ca. 485–425 v. Chr.); von Cicero als ‚Vater der Geschichte (pater historiae)' bezeichnet; sein Werk in 9 Büchern enthält länder- und völkerkundliche Beobachtungen, dazwischen merkwürdige Begebenheiten, spannende Novellen und interessante Anekdoten; er berichtet über die Auseinandersetzung der Griechen und Perser von der Unterwerfung Joniens durch die Perser bis zu den Siegen der Griechen bei Salamis und Plataiai.
Hierosolyma, -ōrum	Jerusalem, 70 n. Chr. von Titus erobert und zerstört
Hispānia, -ae	Spanien
Historia Augusta	die sog. Historia Augusta enthält Kaiserbiographien von Hadrian (117 n. Chr.) bis Numerian (284 n. Chr.); die einzelnen Viten stammen angeblich von 6 verschiedenen Autoren der Zeit Diokletians und Konstantins; vermutlich ist das Sammelwerk, das nicht vollständig erhalten ist, in der zweiten Hälfte des 4. Jh.s n. Chr. entstanden.

Horaz	Q. Horātius Flaccus, röm. Dichter (65–8 v. Chr.), von Maecenas gefördert
Iāniculus, -ī	mōns Iāniculus (dem Janus geweihter Berg), Hügel Roms am rechten Tiberufer
India, -ae	Indien
Indicus, a, um	indisch, aus Indien
Īphigenīa, -ae	Iphigenie, Tochter des Agamemnon; von ihrem Vater der Göttin Artemis (Diana) geopfert.
Italia, -ae	Italien
Italica, -ae	Stadt in Spanien, Geburtsort Hadrians
Italicī, -ōrum	die italischen Völkerschaften in historischer Zeit; Adj. italisch
Ithaca, -ae	Ithaka, westgriech. Insel, Heimat des Odysseus
Iūdaeī, -ōrum	die Juden; gegen sie führte Hadrian 132–135 n. Chr. Krieg, nachdem er auf dem Boden des im Jahre 70 n. Chr. zerstörten Jerusalem eine röm. Bürgerkolonie gegründet hatte.
Iugurtha, -ae	König von Numidien (heute Algerien); er konnte mehrere Jahre (111–105 v. Chr.) den röm. Heeren Widerstand leisten, da er deren Feldherrn bestach. Zuletzt wurde er an die Römer ausgeliefert, sodann im Triumphzug des Marius in Rom mitgeführt und anschließend umgebracht.
Iūlia, -ae	1. Julia, Tochter des Augustus; mehrmals verheiratet u. a. mit M. Agrippa und dem späteren Kaiser Tiberius; wegen ihres schlechten Lebenswandels von ihrem Vater verbannt; gest. 14 n. Chr. 2. Julia, Tochter des M. Agrippa und der Julia, Enkelin des Augustus
Iūnō, -ōnis	Juno, röm. Stadtgöttin, später der griech. Hera gleichgesetzt, Gemahlin des Jupiter
Iuppiter, Iovis	Jupiter, höchster röm. Gott, Vater des Herakles
Johannes XXIII.	Papst (1958–1963); erließ am 11. April 1963 die Enzyklika ‚Pacem in terris', in der die Grundlagen eines friedlichen Zusammenlebens der Völker behandelt werden.
Kallixeinos von Rhodos	griech. Gelehrter, der zur Zeit des Ptolemaios Philadelphos (283–247 v. Chr.) ein Buch über Alexandria schrieb; der Abschnitt über die Prozession zu Ehren des Gottes Dionysos ist in dem Werk des Athenaios, eines griech. Schriftstellers um 200 n. Chr., erhalten geblieben.
Kampanien	Landschaft in Mittelitalien, bes. die Ebene um Capua
Kapitol	s. Capitōlium
Kleisthenes	athenischer Politiker; baute nach der Beseitigung der Tyrannenherrschaft in Athen (510 v. Chr.) die staatliche Ordnung des Solon zur Demokratie aus.
Konstantin	s. Cōnstantīnus
Lacedaemoniī, -ōrum	die Lakedämonier, Bewohner Spartas
Lactantius	L. Caelius Firmiānus Lactantius, um 300 n. Chr., berühmter Kirchenschriftsteller; wegen des Glanzes seiner Sprache ‚Cicero christianus' genannt; Verfasser der ‚Divinae institutiones', einer Verteidigung des Christentums gegen heidnische Angriffe und zugleich einer umfassenden Darstellung des christlichen Glaubens.
Latīnus, a, um	lateinisch; Subst.: der Latiner
Licinius, -ī	C. Licinius Mūciānus, Freund und einflußreicher Ratgeber Vespasians

Livius	T. Līvius, röm. Historiker (geb. 59 v. Chr. in Patavium, dem heutigen Padua, gest. 17 n. Chr.); schrieb unter Augustus ein Geschichtswerk mit dem Titel ‚Ab urbe condita', in dem die Geschichte Roms von der Gründung bis zum Tode des Drusus im Jahre 9 v. Chr. erzählt wurde. Von dem gewaltigen Werk (142 Bücher) sind uns lediglich die Bücher 1–10 sowie 21–45 (röm. Frühgeschichte bis 293 und 218–167 v. Chr.) erhalten; der Inhalt der fehlenden Bücher ist durch Inhaltsangaben, die aus dem 4. Jh. n. Chr. stammen, bekannt.
Lūcīlius, -ī	Freund Senecas, stammte aus Kampanien und war von einfacher Herkunft
Lūcius, -ī	1. L. Tullius Cicerō, s. Cicerō
	2. Lūcius Caesar, Sohn des M. Agrippa und der Julia, Enkel des Augustus, geb. 17 v. Chr., gest. 2 n. Chr. in Massilia
Lȳdia, -ae	Lydien, Landschaft an der Westküste Kleinasiens
Lȳdus, a, um	lydisch; Subst.: der Lydier, Bewohner Lydiens
Lȳsimachus, -ī	Lysimachos (ca. 360–281 v. Chr.), hoher Offizier Alexanders d. Gr.; erhielt nach dessen Tod Thrakien, nahm 306 den Königstitel an.
Macédonēs, -um	die Makedonen, Volk in Nordgriechenland
Macedonia, -ae	Makedonien, Landschaft in Nordgriechenland zwischen Epeiros und Thrakien
Macer, -crī	Baebius Macer, röm. Historiker und Stadtpräfekt des Jahres 117 n. Chr., Freund des jüngeren Plinius
Magna Graecia	s. Graecia Magna
Māia, -ae	Tochter des Atlas, Mutter des Merkur, eine der Plejaden
Manlius, -ī	M. Manlius Capitōlīnus, Retter des Kapitols bei dem nächtlichen Überfall der Gallier (387 v. Chr.)
Marathōn, -ōnis	Ort an der Ostküste Attikas, berühmt durch den Sieg der Griechen über ein Heer der Perser (490 v. Chr.)
Marathōnius, a, um	marathonisch, von Marathon
Marius, -ī	C. Marius, röm. Feldherr (156–86 v. Chr.); Bezwinger Jugurthas (106 v. Chr.), der Teutonen (102 v. Chr.) und der Kimbern (101 v. Chr.); siebenmal zum Konsul gewählt; im Bürgerkrieg als Haupt der Popularen Gegner der Optimaten unter Sulla.
Mārs, Mārtis	röm. Gott des Krieges (dem griech. Ares gleichgesetzt)
Massilia, -ae	Stadt am Mittelmeer (griech. Massalia, heutiger Name Marseille)
Maurī, -ōrum	die Mauren, Volk in Nordafrika
Menēnius Agrippa	röm. Konsul; soll 494 v. Chr. bei der sēcessiō plēbis die Plebejer zur Rückkehr nach Rom bewogen haben.
Mercurius, -ī	Merkur, röm. Gott des Handels (dem griech. Hermes gleichgesetzt)
Messāna, -ae	Stadt in Sizilien (griech. Messana, heutiger Name Messina)
Metellus, -ī	Q. und L. Metellus, Angehörige der berühmtesten Familie des plebejischen Geschlechtes der Caeciliī
Minerva, -ae	röm. Göttin des Handwerks (der griech. Athene gleichgesetzt)
Mogontiācum, -ī	Stadt an der Mündung des Mains in den Rhein (heutiger Name Mainz)
Mōns Sacer	der Heilige Berg (ca. 4,5 km von Rom entfernt jenseits des Anio auf sabinischem Gebiet liegend); hierher zog sich die Plebs während ihrer Auseinandersetzung mit den Patriziern zurück.
Naxus, -ī *f.*	Naxos, größte Insel der Kykladen im Ägäischen Meer
Neāpolis, -is	Neapel, Stadt in Kampanien am Westabhang des Vesuvs

Neāpolitānī, -ōrum	die Neapolitaner, Bewohner Neapels
Nepos	Cornēlius Nepōs, röm. Biograph (ca. 100–24 v. Chr.); befreundet mit Cicero und Atticus; sein Hauptwerk war eine Sammlung von Biographien in mindestens 16 Büchern mit dem Titel ‚De viris illustribus', in denen bedeutende Römer berühmten Nichtrömern gegenübergestellt wurden. Erhalten ist nur ein Buch mit den Lebensbeschreibungen von 23 nichtrömischen Feldherrn sowie die Biographien des Cato und des Atticus.
Nerō, -ōnis	röm. Kaiser (54–68 n. Chr.), Sohn der jüngeren Agrippīna, der Schwester des Caligula; hieß zuerst L. Domitius Ahēnobarbus, nach seiner Adoption durch Claudius (50 n. Chr.) Nerō Claudius Drūsus Germānicus Caesar.
Nīcaea, -ae	Stadt an der französischen Mittelmeerküste (griech. Nikaia, heutiger Name Nizza)
Octāviānus, -ī	Oktavian, Beiname des aus der gēns Octāvia in die gēns Iūlia adoptierten späteren Kaisers Augustus
Olympius, -ī	Beiname des Perikles (der ‚Olympier')
Otho	für kurze Zeit einer der Nachfolger Neros auf dem Kaiserthron
Padus, -ī	größter Fluß Oberitaliens (heutiger Name Po)
mōns Palātīnus	der Palatinische Hügel in Rom
Palātium, -ī	ältester Teil Roms auf dem Palatinischen Hügel
Pānormus, -ī	Stadt in Sizilien (griech. Pánormos, heutiger Name Palermo)
Perdiccās, -ae	Perdíkkas, Feldherr und Vertrauter Alexanders d. Gr.
Periclēs, -is	Perikles, athenischer Politiker, Redner und Feldherr (geb. 493 v. Chr., gest. 429 v. Chr. an der Pest zu Beginn des Peloponnesischen Krieges)
Persae, -ārum	die Perser
Persis, -idis *f.*	Landschaft am Persischen Golf um die Stadt Persepolis
Petrarca	Francesco Petrarca (1304–74), italienischer Dichter und Gelehrter, der erste große italienische Humanist, der Cicero und Augustinus wieder entdeckt; 1341 in Rom zum poēta laureātus gekrönt. Vgl. auch Columna Ioānnēs.
Phaedrus, -ī	Phaidros von Athen (ca. 138–70 v. Chr.), ein bedeutender Epikureer, der von Athen nach Rom kam und der Lehrer Ciceros wurde.
Phalēricus (portus)	griech. Pháleron, der älteste Hafen Athens, südwestlich der Stadt gelegen
Phrygia, -ae	Phrygien, Landschaft im Innern Kleinasiens
Phyā, -ae	Phye, Frau aus Attika; sie half angeblich Peisistratos, die Herrschaft über Athen zu erringen.
Pīsistratus, -ī	Peisistratos, Tyrann von Athen (560–527 v. Chr.)
Pīsō, -ōnis	M. Pūpius Pīsō Calpurniānus, Freund Ciceros, Konsul 61 v. Chr.
Platō(n), -ōnis	griech. Philosoph aus Athen (427–347 v. Chr.), Schüler des Sokrates, Stifter der Akademie
Plīnius, -ī	1. Plinius der Ältere, röm. Offizier und Gelehrter (23–79 n. Chr.); erhalten ist sein umfangreiches Werk ‚Naturalis historia', eine enzyklopädische Naturkunde in 37 Büchern. 2. Plinius der Jüngere, röm. Beamter und Schriftsteller (ca. 61–113 n. Chr.); war im Jahr 111/112 n. Chr. Statthalter in der Provinz Bithynien; Freund des Tacitus; nach dem Beispiel Ciceros veröffentlichte Plinius 9 Bücher mit Briefen an Freunde und Bekannte.

Plūtarchus, -ī — Plutarch, griech. Schriftsteller (ca. 46 - ca. 120 n. Chr.); schrieb neben zahlreichen anderen Werken Biographien, in denen er immer einem Griechen einen entsprechenden Römer gegenüberstellt (z. B. Alexander - Caesar, Theseus - Romulus usw.).

Poenī, -ōrum — die Punier oder Karthager

Pompēiī, -ōrum — Pompeji, Stadt in Kampanien südöstlich von Neapel, wurde 79 n. Chr. zusammen mit anderen Orten durch einen Ausbruch des Vesuvs verschüttet.

Pompēius, -ī — Cn. Pompēius Magnus (106–48 v. Chr.), erhielt im Jahre 67 v. Chr. das Oberkommando im Krieg gegen die Seeräuber; diese wurden innerhalb von 3 Monaten im gesamten Mittelmeerraum unterworfen; damit waren Schiffahrtswege und Häfen wieder dem ungehinderten Verkehr geöffnet.

Pompōnius, -ī — s. Atticus

Porcius, -ī — s. Catō

Praeneste, -is *n.* — alte, stark befestigte Stadt Latiums, Zentrum des Widerstands gegen Sulla; 82 v. Chr. erobert und von ihm grausam bestraft.

Prūsiās, -ae — König von Bithynien, der Hannibal an die Römer ausliefern sollte.

Ptolemaeī, -ōrum — die Ptolemäer, Herrscher Ägyptens, Nachfahren des Ptolemaios, des Feldherrn Alexanders d. Gr.

Ptolemaeus, -ī — Ptolemaios I., Feldherr und Nachfolger Alexanders d. Gr., König von Ägypten (305–283 v. Chr.); Verfasser einer Geschichte Alexanders d. Gr.; Gründer des Museions von Alexandria und der dazugehörigen Bibliothek.

Pūnicus, a, um — punisch oder karthagisch

Pyrrhus, -ī — Pyrrhos, König von Epeiros; besiegte 280 und 279 v. Chr. die Römer (‚Pyrrhussiege'), wurde 275 selbst besiegt und kehrte nach Griechenland zurück; dort ist er 272 v. Chr. im Kampf gefallen.

Quintilian — M. Fabius Quīntiliānus (ca. 35–ca. 98 n. Chr.), nächst Cicero der bedeutendste röm. Theoretiker der Beredsamkeit, aus Spanien stammend, Vorsteher einer Rednerschule in Rom, Lehrer Plinius' des Jüngeren; sein Hauptwerk ist die ‚Institutio oratoria' in 12 Büchern.

Quīntus, -ī — röm. Vorname

Quirītēs, -ium — Quiriten; ehrenvolle Benennung der röm. Bürger im Frieden, bes. bei der Anrede in der Volksversammlung, im Gegensatz zu den Soldaten, für die diese Anrede eher etwas Kränkendes hatte.

Rēgium, -ī — Stadt in Unteritalien (griech. Rhegion, heutiger Name Reggio di Calabria)

Rēgulus, -ī — M. Atīlius Rēgulus, röm. Konsul; 255 v. Chr. während des 1. Punischen Krieges von den Karthagern gefangengenommen und später von diesen als Gesandter zwecks Austausch der Kriegsgefangenen nach Rom geschickt; hier riet Regulus, den Austausch nicht vorzunehmen, und kehrte, da er durch einen Schwur gebunden war, wieder nach Karthago zurück, wo er unter Martern getötet wurde.

Rēmī, -ōrum — belgischer Volksstamm im Gebiet der heutigen Stadt Reims

Rhēnus, -ī — der Rhein

Rhodanus, -ī — die Rhone

Rōma, -ae — Rom

Rōmānus, a, um — römisch; Subst.: der Römer

Sabīnī, -ōrum — die Sabiner, Bewohner des Gebirgslandes in Mittelitalien

Saguntum, -ī — Sagunt, Stadt in Spanien; ihre Eroberung durch Hannibal war Anlaß des 2. Punischen Krieges.

Salamīnius, a, um — salaminisch, von Salamis

Salamīs, -īnis, *f.* — Insel westlich von Piräus, dem Haupthafen Athens; berühmt durch den Seesieg der Griechen unter Themistokles über die Perser (480 v. Chr.).

Sallustius, -ī — C. Sallustius Crispus, röm. Historiker (86–35 v. Chr.); schrieb den ‚Krieg gegen Jugurtha' und die ‚Verschwörung des Catilina'; beide Werke sind erhalten. In den bis auf geringe Reste verlorenen ‚Historiae' schilderte Sallust die Zeit des Marius und des Sulla.

Sardinia, -ae — Sardinien, Insel im Westen Italiens

Satyrī, -ōrum — die Satyrn, Begleiter des Gottes Dionysos

Scīpiō, -ōnis — P. Cornēlius Scīpiō Āfricānus māior (235–183 v. Chr.), der ‚ältere Scipio', berühmter röm. Feldherr im 2. Punischen Krieg, Gegner Hannibals; sein Sohn adoptierte den ‚jüngeren Scipio' P. Cornēlius Scīpiō Aemiliānus Āfricānus minor Numantīnus (vgl. I 81).

Scythae, -ārum — die Skythen, Nomadenvolk nördl. der unteren Donau, des Schwarzen Meeres, des Kaspischen Meeres und des Aralsees

Scythicus, a, um — skythisch

Seleucīa, -ae — Seleukeia, Stadt in Syrien

Seneca, -ae — L. Annaeus Seneca (ca. 4 v. Chr.–65 n. Chr.), in Córduba (Spanien) geboren, Philosoph und Erzieher Neros, der ihn, zum Selbstmord zwang. Zahlreiche Werke sind erhalten, darunter als reifste Frucht seiner Lebensanschauung 124 Briefe philosophischen Inhalts an einen Freund Lucilius (‚Epistulae morales ad Lucilium').

Sēnōnēs, -um — die Senonen, keltischer Volksstamm

Septimus, -ī — röm. Vorname

Sēquanī, -ōrum — die Sequaner, Volksstamm in Gallien zwischen der Seine und dem Jura

Servius Tullius — nach der Überlieferung sechster röm. König

Sextus, -ī — röm. Vorname

Sicilia, -ae — Sizilien, Insel, seit 241 v. Chr. in röm. Besitz

Siculī, -ōrum — die Sikuler, Bewohner Siziliens

Sīlēnī, -ōrum — die Silene, Begleiter des Gottes Dionysos

Sōcratēs, -is — Sokrates, berühmter athenischer Philosoph (469–399 v. Chr.), Gegner der Sophisten; in einem aufsehenerregenden Prozeß 399 v. Chr. zum Tode verurteilt und hingerichtet.

Solō(n), -ōnis — Solon, athenischer Gesetzgeber, einer der sog. Sieben Weisen (Archon 594 v. Chr.), 559 v. Chr. auf der Insel Zypern gestorben

Sophoclēs, -is — Sophokles (496–406 v. Chr.), berühmter griech. Tragiker, im Demos Kolonos geboren

Spartiātae, -ārum — die Spartiaten, spartanische Vollbürger

Spurius, -ī — s. Albīnus

Sueton — C. Suētōnius Tranquillus, röm. Biograph (ca. 70–140 n. Chr.); schrieb 12 Kaiserbiographien (von Caesar bis Domitian). Charakteristisch für diese Biographien ist der Aufbau nach einem bestimmten Schema (Herkunft, Geburt, Erziehung, Kriegstaten, private Lebensführung, Vorzeichen, Tod, Testament). Damit steht der Römer Sueton im Gegensatz zu dem Griechen Plutarch, der in seinen Lebensbeschreibungen den jeweiligen Menschen und seinen Charakter herauszuarbeiten sucht.

Sulla, -ae	L. Cornēlius Sulla (138–78 v. Chr.), im Krieg gegen Jugurtha Quästor des Marius (105 v. Chr.); 88 v. Chr. Konsul; Führer der Optimaten gegen die Popularen unter Marius; besiegte 82 v. Chr. entscheidend die Anhänger des Marius; veröffentlichte als Diktator Ächtungslisten (Proskriptionen); legte 79 v. Chr. die Diktatur nieder und starb ein Jahr später auf seinem Landgut.
Syrācūsae, -ārum	Syrakus, größte griech. Stadt auf der Insel Sizilien
Syrācūsānus, a, um	syrakusanisch; Subst.: der Syrakusaner, Bewohner von Syrakus
Syria, -ae	Syrien, Landschaft zwischen Euphrat, Arabien, dem Mittelmeer und dem Taurusgebirge
Tanais, -is (Akk. -im)	mit Tanais (heutiger Name Don) bezeichnet Curtius Rufus fälschlicherweise den Fluß Jaxartes (heutiger Name Syr-Darja), der in den Aralsee mündet.
Tarentīnus, a, um	tarentinisch; Subst.: der Tarentiner, Bewohner von Tarent
Tarentum, -ī	Tarent, Stadt in Unteritalien (griech. Táras)
Tarquinius, a, um	tarquinisch, zur gēns Tarquinia gehörig; Subst.: der Tarquinier
Tarquinius, -ī	1. Tarquinius Superbus, nach der Überlieferung letzter röm. König; um 510 v. Chr. von Brutus vertrieben. 2. L. Tarquinius Collatīnus, zusammen mit Brutus nach der Vertreibung des Königs Tarquinius Superbus röm. Konsul; legte später dieses Amt nieder und verließ freiwillig Rom.
Tauromenium, -ī	Stadt an der Ostküste Siziliens (griech. Tauroménion, heutiger Name Taormina)
Tellūs, -ūris *f.*	altröm. Göttin der Saatfelder, Mutter Erde
Terpnus, -ī	Kitharöde, Musiklehrer Neros
Teutŏnī, -ōrum	die Teutonen, germanisches Volk, das von den Küsten der Nordsee aus mit den Kimbern nach Süden zog und von Marius 102 v. Chr. in Südfrankreich vernichtet wurde.
Themistoclēs, -is	Themístokles, athenischer Politiker, energischer Förderer des Flottenbaus, Sieger der Seeschlacht von Salamis (gest. 458 v. Chr.)
Theodōrus, -ī	Theódoros aus Kyrene (ca. 330–270 v. Chr.), griech. Philosoph mit dem Beinamen ‚Atheos (der Gottlose)'
Theophrastus, -ī	Theóphrastos (371-287 v. Chr.), griech. Philosoph, Schüler des Aristoteles
Thermopylae, -ārum	die Thermopylen, Engpaß am Oitagebirge, von Thessalien in das eigentliche Griechenland führend, berühmt durch den Heldentod des Leonidas (480 v. Chr.)
Thessalien	Landschaft im Nordosten Griechenlands
Tiberis, -is (Akk. -im)	der Tiber, der Fluß, an dem Rom liegt
Tiberius, -ī	röm. Kaiser (14–37 n. Chr.), Stiefsohn des Augustus; hieß ursprünglich Tib. Claudius Nerō, da er der Sohn eines Claudiers war; er wurde im Jahr 4 n. Chr. von Augustus adoptiert.
Tibur, -uris *n.*	Stadt in Latium (heutiger Name Tivoli)
Titus, -ī	röm. Kaiser (79–81 n. Chr.), Sohn des Vespasian, Bruder des Domitian; er eroberte als Feldherr 70 n. Chr. die Stadt Jerusalem.
Trāiānus, -ī	Trajan, röm. Kaiser (98–117 n. Chr.), Vorgänger Hadrians; wie dieser in Italica in Spanien geboren und damit der erste aus einer röm. Provinz stammende Kaiser. Unter ihm hatte das Imperium Romanum seine größte Ausdehnung erreicht.
Augusta Trēverōrum	Stadt an der Mosel (heutiger Name Trier)

Trōia, -ae	Troja, Stadt in Kleinasien, die die Griechen nach zehnjähriger Belagerung eroberten und zerstörten.
Tyrrhēnī, -ōrum	die Tyrrhener oder Etrusker
Tyrrhēnus, -ī	Tyrrhenos, Sohn des lydischen Königs Atys; fuhr mit einem Teil des lydischen Volkes nach Italien und wurde zum Stammvater des etruskischen Volkes.
Ulixēs, -is	lat. Name für Odysseus, den Helden der griech. Sage
Umbrī, -ōrum	die Umbrer, italischer Stamm in Ober- und Mittelitalien; seit dem 7. Jh. v. Chr. von den Etruskern nach Süden bis über den Tiber zurückgedrängt.
Valerius Māximus	Verfasser einer Sammlung von ‚Denkwürdigen Taten und Aussprüchen' in 9 Büchern (Factorum et dictorum memorabilium libri IX); über das Leben des Autors ist wenig bekannt; sein Werk ist Kaiser Tiberius gewidmet und nach 31 n. Chr. veröffentlicht worden.
Varro	M. Terentius Varrō (116–27 v. Chr.), vielseitiger Gelehrter und Schriftsteller; von seinen vielen Werken sind ‚De rebus rusticis' und ‚De lingua Latina' erhalten geblieben.
Vēiī, -ōrum	Veji, alte Etruskerstadt nördlich von Rom; 396 v. Chr. von den Römern nach 10jähriger Belagerung erobert.
Venusīnus, a, um	venusinisch, aus Venusia (einer Stadt in Unteritalien, Geburtsort des Horaz)
Verrēs	P. Cornēlius Verrēs, der sich – namentlich als Proprätor von Sizilien – Habsucht, Raub und andere Verbrechen zuschulden kommen ließ und deshalb von Cicero angeklagt wurde.
Vespasiānus, -ī	Vespasian, röm. Kaiser (69–79 n. Chr.), Nachfolger Neros; stellte die Ordnung im Reiche wieder her; Vater der Kaiser Titus und Domitian.
Vestālis, -is	die Vestalin, Priesterin der Göttin Vesta
Victor	s. Aurēlius
Vitellius	für kurze Zeit einer der Nachfolger Neros, ehe Vespasian Kaiser wurde
Vitruv	Vitrūvius, röm. Architekt und Ingenieur; von seinem Leben ist wenig bekannt; in hohem Alter gab er um 25 v. Chr. sein Augustus gewidmetes Werk ‚De architectura' in 10 Büchern heraus.
Xenophon	in Athen geb. Schriftsteller und Historiker (ca. 430–354 v. Chr.); schrieb als Schüler des Sokrates ‚Erinnerungen an Sokrates' und eine ‚Griechische Geschichte'; bekannt wurde er als Teilnehmer am Feldzug der zehntausend griech. Söldner, der in die Nähe Babylons und von dort über das Schwarze Meer zurück nach Griechenland führte (in der ‚Anabasis', dem ‚Hinaufzug', d. h. dem Marsch des jüngeren Kyros ins Innere des persischen Reiches, beschrieben).
Xerxēs, -is	persischer König (486–465 v. Chr.), von Themistokles 480 v. Chr. in der Seeschlacht von Salamis besiegt